U0034928

交通事故處理程序

柯育奇 著

實用版

推薦序一

　　天有不測風雲，人有旦夕禍福，交通意外之發生，實難預料，而交通事故所衍生之法律糾紛，恐怕也是一般大眾最常遇到的法律問題。本書作者育奇為本人多年好友，長期於保險理賠界服務，對於車禍發生後如何處理，不論是理論上，抑或實務上，均累積深厚之學識與實務，因此，由育奇撰寫本著作《交通事故處理程序實用版》，實為不二人選。

　　更可貴的是，本書內容淺顯易懂，書中除有搭配相關法律流程，亦有以圖表解說處理車禍糾紛的程序，目的就是為了讓讀者可以毫不費力地輕鬆閱讀，並導引車禍事故當事人於發生車禍事故後之相關處理程序。此外，本書另有針對車禍事故被害人如何維護自身權益，提供了詳盡之說明以及法律上具體可行的解決之道，另有對於車禍肇事者可能面臨哪些法律責任，都有相關解說，可見育奇之專業與用心。

　　相信翻閱本書之人均能對交通事故之處理與相關法律問題有所近一步了解，如為已發生車禍事故之當

事人，對於如何進行求償、理賠或和解之相關程序作
業亦必有所認識並有助益。也祝福所有有幸翻閱此書
之讀者們，順心平安！

理陽律師事務所

胡達仁 律師

推薦序二

　　依據內政部警政署統計108年01月至12月，道路交通事故致人死傷（A1類及A2類案件）之肇事件數為322,374件，即在全國道路上，平均每日會發生883件用路人死傷的案件，這還未算入無人受傷的A3類交通事故案件，顯見用路人對於防禦駕駛之觀念薄弱，且交通事故當事人又往往因不諳交通事故處理流程以及相關法律規定，坊間又鮮有相關書籍資料提供民眾相關資訊，以致自身權益受到損害之情事層出不窮。

　　育奇兄以其在產險業工作十餘載累積之工作經驗，針對交通事故處理及保險理賠實務常見的爭議以及車禍事故當事人在第一時間所為的現場處置可能產生的盲點，做成這一份研究論文。舉凡事前預防交通事故發生機率之防禦駕駛觀念，及交通事故發生後第一時間應如何妥善處置，交通事故當事人如何確保自己的權益，雙方當事人如何藉由保險制度使自己獲得最有利補償以及可能面對的民刑事法律責任問題等面向，育奇兄都在這一份研究論文中詳為說明，期盼這

一份兼顧理論與寶貴實務經驗的研究論文，能對讀者
們有所裨益。

華南產險台中分公司

張銘根

推薦序三
你不需要著急，因為育奇課長會幫助你

　　墨菲定律最早是由一個叫愛德華・墨菲作出的論斷，他是一名美國空軍基地的上尉工程師。他蒐集了戰鬥中許多瑣碎的經驗，諸如：如果你擔心某種情況發生，那麼它就更有可能發生，就如交通事故像顆震懾力十足的炸彈，一時大意，炸得家庭支離破碎，炸得人心驚惶。育奇課長的書，書寫的是多年來一件件真實歷經的案例。容易犯錯誤是人類與生俱來的弱點，不論科技多發達，事故都會發生。

　　因為真實，所以藉著本書讓人們直視及省思。也因為是突發，所以人們常常疏於準備。畢竟每個人都想追求美滿順遂人生，但意外的悲歌卻是常態，如何在生命的關口勇敢承接，大多數人都沒有準備。或說，也不想準備。但真的遇到，只能嚇得手忙腳亂，不知所措。所以謝謝育奇課長寫了這本書，讓我們在遇到危機時，可以多點智慧及勇氣！

　　從事教職多年來接觸學生的交通事故，遇見結局美好小幸運，亦有哭笑交錯峰迴路轉，實屬浩繁而不

勝枚舉的案例。仔細閱讀育奇課長的書會發現,其實面對事故意外時許多的情緒,背後都有經濟跟階級的因素。經濟狀況的差距,常常是負面情緒肇生的主因。保險理賠員在協調個案過程中,除須具備良好的溝通能力、團隊合作能力和抗壓能力外,理解所有事故處理流程更是穩住談判勝算的關鍵,才能避免心慌自亂陣腳。在商業談判實務中,並非所有的談判人均「唯理」而談,有的則「唯力」而談。育奇課長於書中多次提及「唯理」者雖屬談判的主流,但也不可濫用,必須依靠情況巧妙運用種類理由,才能達到得最佳效果。

　　我期待這本書能成為大家的一本工具書及解惑字典!

中臺科技大學行銷管理系教授

張馨云

自序

　　一切都是好因緣，育奇年近半百，在產險業界服務年資剛滿17年，終於有機會撰寫一本有關「交通事故處理程序」的專書。在此要感謝曾經幫助過的貴人，首先是我的母親——吳阿麵女士，因家父於育奇十歲時往生，故當時家母一肩擔起家庭生計，含辛茹苦撫養四個小孩長大成人，這期間的恩情，我永遠謹記在心，並且把握即時行孝與行善，所以本人願將本次發行銷售書款捐給媽媽平日上課的「聖愛長青快樂學堂」或佛教僧伽醫護基金會。

　　寫作發想源自～現在是最好的時機，即去年六月從「中臺科大」碩士在職專班畢業後，可以運用撰寫論文的方法，來分享自己從事車險理賠（以下簡稱車賠）的經驗，所以也要感謝曾經指導過的師長，讓我學會與領悟知識的力量。

　　育奇民國92年從「朝陽科大」保險金融管理系畢業後，由華南產險台中分公司鄭茂樹協理面試下，順利進入車賠部門服務。目前在華產工作也須感恩～周

宜雄副總、鄭協理、陳柏蒼經理、周安然經理、呂政霖經理、李志宏副理、陳正揚副理、張銘根高專與其他長官的提攜與教誨，還有同事與其他好朋友的照顧與鼓勵，可以讓我安身與立命。

在「調解會」常會看到一句對聯：「忍一時，風平浪靜；退一步，海闊天空」來勉勵當事人可以圓滿處理民事糾紛。若以車賠人員的立場，總是希望經手的案件可以順利和解結案，避免訴訟是累；但因現今資訊紛擾或不對稱，容易造成當事人的誤解或迷思，故民眾若擁有一本完整詳盡的參考書，來讓彼此有所依循，那麼雙方就可以平心靜氣來面對。人生無常，世事難料，民眾在意外未發生之前，若具備處理交通事故的常識，則事發時才不致驚慌失措，擔心害怕。

「預防是最好的保險」即是國人在車禍之前投保汽機車保險及具有優良的駕駛習慣；意外發生時，則交由專業的產險理賠來服務，將風險轉嫁給保險公司來承擔，並讓請求權人得到合理的賠償。

依內政部統計月報近兩年每年交通事故總件數均在32萬件以上（其件數僅包含有人傷亡案件，不包含財物損失案件），故平均每日約有877件以上有人傷亡

案件，因而傷害人之身體、生命與財產減損，另影響其生活與工作之不便，所以如何預防交通事故之發生及事發後之處理程序是本書著作目的，祈願天佑台灣，讓民眾喜樂出門，平安回家。

本書能順利完成必須感謝～白象文化工作團隊、王明智老師、和泰產險許堅松經理、汎德永業汽車陳明志經理及撰寫推薦序的所有長官（「推薦序」以姓氏筆劃排序），當然親朋好友——俊彥、利貞、富評、佳惠、鎮華、育芳、靜婷、清全、忠民、興民、裕彬、欣穎、志炫、致安、家偉、欣嶸、美楨、淑萍、素華、欽州、敏淵、韋廷、羿欣、達榮、宗和及佐信等的護持，也是個人前進最大的動力與助力。

（後註：本書如有錯誤、疏漏或任何疑義，懇請各位先進不吝指教。）

柯育奇

於2020年6月

自序

目　錄

第一章　緒論

第一節　寫作背景與動機

一、由表1-1-1可知全國108年底各縣市人口總計為
　　23,603,121人，其中六直轄市人口總數有
　　16,382,139人（69.41％），臺灣省人口總數有
　　7,067,708人（29.94％），福建省人口總數有
　　153,274人（0.65％）。

表 1-1-1　108 年底各縣市人口數

區域別	人口數	區域別	人口數
六直轄市	16,382,139	臺灣省	7,067,708
新北市	4,018,696	宜蘭縣	454,178
		新竹縣	563,933
臺北市	2,645,041	苗栗縣	545,459
		彰化縣	1,272,802
桃園市	2,249,037	南投縣	494,112
		雲林縣	681,306
臺中市	2,815,261	嘉義縣	503,113
		屏東縣	819,184

臺南市	1,880,906	臺東縣	216,781
		花蓮縣	326,247
高雄市	2,773,198	澎湖縣	105,207
福建省	153,274	基隆市	368,893
金門縣	140,185	新竹市	448,803
連江縣	13,089	嘉義市	267,690
總　　計	23,603,121		

資料來源：內政部統計月報（2020，1月）；本著作自行整理。

二、近十年來全國道路交通事故總件數，如圖1-1-1，
　　而2018年至2019年兩年總件數皆在32萬件以上，
　　總件數僅包含A1與A2類，不包含A3類。A1、A2
　　與A3類之定義係依內政部統計月報（2020，2
　　月），如下表1-1-2。

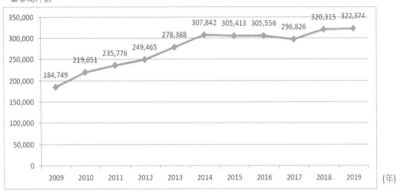

圖 1-1-1　近十年全國道路交通事故肇事總件數

資料來源：內政部統計月報（2020，2月）；本著作自行整理。

表 1-1-2　道路交通事故之分類與定義

項次	類別	定　　　義
1	A1	造成人員當場或24小時內死亡之交通事故
2	A2	造成人員受傷或超過24小時死亡之交通事故
3	A3	僅有財物損失之交通事故

資料來源：內政部統計月報（2020，2月）；本著作自行整理。

三、近十年來全國機動車輛總數,如圖1-1-2,從2009
　　年成長至2012年高點總數為2,234萬輛,後下降至
　　2014年低點總數為2,129萬輛,再從低 點逐年上升
　　至2019年總數為2,211萬輛。

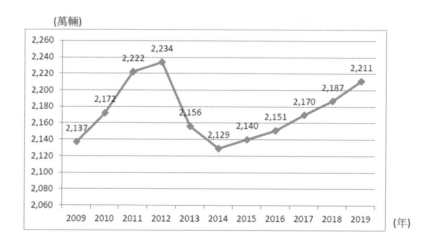

圖 1-1-2 近十年全國機動車輛總數

資料來源:內政部統計月報(2020,2月);本著作自行整理。

四、依據交通部調查民國105年民眾日常使用運具狀況
　　報告:我國民眾外出比率為75.9%,外出使用的運
　　具次數以「機車」比率最高(45.9%),「自用小
　　客車」次之(23.7%),其餘依序為「汽車客運」
　　(8.8%)、「步行」(7.1%)及「軌道運輸」

（6.9%），如圖1-1-3。而民眾外出未搭乘公共運具之原因：以開車或騎車較方便（最高49.3%），距離車站（包括各種公共運輸車站）太遠（34.4%）。

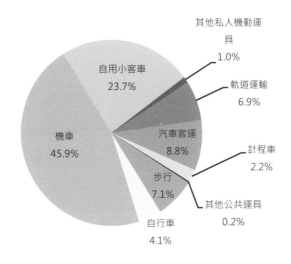

圖 1-1-3 民眾外出使用運具次數之占比

資料來源：交通部統計處（2017，6 月），*105 年民眾日常使用運具狀況調查摘要分析*。
說明：「汽車客運」包含市區公車、公路客運、國道客運、交通車及免費公車；「軌道運輸」包含捷運、臺鐵及高鐵。

五、綜合上述，臺灣地狹人稠，國人外出之交通工具近七成使用汽機車，所以汽機車肇事率（件／萬輛）近六年均在137.37件／萬輛以上（如圖1-1-4），此現況如何降低，值得國內之產官學研界一起來研究或探討，而發生交通事故後如何處理，如下娓娓說明。

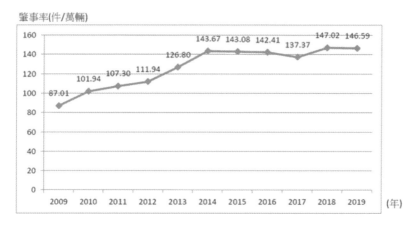

圖 1-1-4　近十年全國機動車輛肇事率

資料來源：內政部統計月報（2020，2月）；本著作自行整理。

第二節　寫作目的

　　基於寫作背景與動機，本寫作目的有下列三項：

一、在民眾未發生道路交通事故前具有相關的常識或概念，事故後了解處理程序。

二、讓產官學研界一起來研究或探討，如何降低道路交通事故肇事率。

三、讓保險公司之從業人員對於保戶發生道路交通事故時，可提供協助與諮詢。

第三節　名詞解釋

道路交通事故（以下簡稱「**交通事故**」）：依道路交通事故處理辦法（2015）第2條：「指車輛、動力機械或大眾捷運系統車輛在道路上行駛，致有人受傷或死亡，或致車輛、動力機械、大眾捷運系統車輛、財物損壞之事故。」由上述定義可知構成交通事故須具備如表1-3-1五項要件（陳高村與謝維剛，2018）。

表 1-3-1　構成交通事故之五項要件

項次	要　　件
1	一方須為車輛或動力機械
2	必須發生在道路場所
3	必須導致有人員傷亡或財物損壞之結果
4	車輛須有行駛或其延續的行為
5	須出於過失或毫無過失行為

資料來源：陳高村等（2018）。維護民眾權益的交通事故處理制度探討；本著作自行整理。

第二章　保險理賠

第一節　發生交通事故之處理

一、五大步驟

（一）停車、保留現場：記下對方車號、事故時間與
　　　地點，以避免對方肇事逃逸，並放置警告標
　　　誌。

（二）通知憲警單位：若有傷者應先由救護車送醫，
　　　再來協助警方製作筆錄與現場圖，確認無誤再
　　　簽名，並向警方索取「交通事故當事人登記聯
　　　單」（以下簡稱「**當事人登記聯單**」），如表2-
　　　1-1。

交通事故處理程序
實用版

表 2-1-1 交通事故當事人登記聯單

發生時間		年 月 日 時 分		地點		
一	當事人姓名		電話		申請人 簽收	
	車牌號碼		備考			
二	當事人姓名		電話		申請人 簽收	
	車牌號碼		備考			
填表人		主管		處理單位		
				電話		
				地址		

附記：（1）
　　　　（2）
交通事故處理當事人須知
資料來源：本著作自行整理。

（三）可聯絡保險公司之服務人員協助處理。

（四）現場作記號或拍照。

（五）5日內向保險公司申請理賠：攜帶保險單、行
　　　照、駕照、車主及駕駛人印章與當事人登記聯
　　　單。

二、交通事故現場處理五字訣

　　「放、撥、劃、移、等」如下圖2-1-1。

交通事故處理程序
實用版

圖 2-1-1 交通事故現場處理五字訣

資料來源：行政院新聞局；交通部道安會；產險公會（2019）。

三、交通事故處理流程

可參閱「臺中市車輛行車事故鑑定委員會」官網

（2020），如下圖2-1-2。

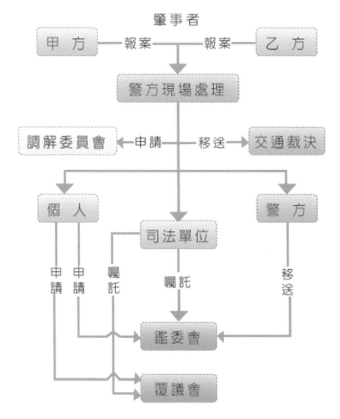

圖 2-1-2 交通事故處理流程

資料來源：臺中市車輛行車事故鑑定委員會官網（2020）。

第二節　汽車保險簡介

　　王明智（2001）對於「汽車保險」（以下簡稱**車險**）之定義由風險管理定義所衍生。依風險管理對風險之分類，汽車之風險依表2-2-1可分為三大類。

表 2-2-1　汽車之風險分類

項次	分　　類	說明或舉例
1	責任風險	如強制險、任意第三人責任險。
2	人身風險	如駕駛人傷害險。
3	財產風險	汽車本身之毀損滅失，而非車上財物毀損滅失，如車體險、竊盜損失險。

資料來源：本著作自行整理。

　　所謂「**車險**」是汽車所有人、管理人或使用人為轉移因所有、保管或使用汽車所帶來之責任、人身及財產風險，透過保險費之交付，將該風險轉由承保之保險公司負擔，若所承保之事故發生，即由保險公司負責賠償。

　　「車險之種類」依表2-2-2可分為兩大類：強制汽車責任保險（以下簡稱**強制險**）與任意車險（以下簡

稱任意險）。

表 2-2-2 車險之種類

車險種類		理賠對象		
		第一人 （我方駕駛 ／車輛）	第二人 （我方乘客）	第三人 （我方車外人）
強制險			V	V
任意險	強制險附加駕駛人傷害險	V		
	第三人責任險附加駕駛人傷害險	V		
	第三人責任險（體傷+財損）			V
	第三人責任險附加超額責任險			V
	第三人責任險附加乘客責任險		V	
	車體險	V		
	竊盜損失損	V		

資料來源：本著作自行整理。

依財團法人保險事業發展中心（以下簡稱**保發中心**）（2020）統計2019年財產保險業各險種保費收入為1,771.13億元，其中車險收入為946.54億元（53.44

% ），如表2-2-3及圖2-2-1。

表 2-2-3　2019 年財產保險業各險種保費收入

保險險種	單位：百萬元	百分比（％）
汽車保險	94,654	53.44%
火災保險	25,882	14.61%
海上保險	7,122	4.02%
航空險	708	0.40%
工程險	6,723	3.80%
責任險	13,519	7.63%
信用保證保險	933	0.53%
傷害險	19,204	10.84%
健康險	2,963	1.67%
其　　他	5,423	3.06%
合　　計	177,130	100.00%

資料來源：保發中心（2020）；本著作自行整理。
註：汽車保險含任意險及強制險。

交通事故處理程序
實用版

單位：百萬元

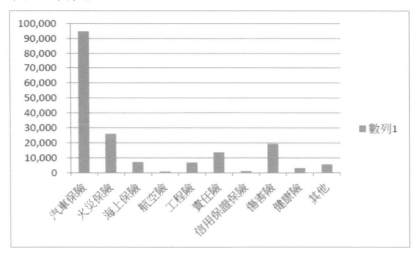

圖 2-2-1 2019 年財產保險業各險種保費收入

資料來源：保發中心（2020）；本著作自行整理。

註：汽車保險含任意險及強制險。

第三節　強制險簡介

一、依強制險法（2016）第7條：因汽車交通事故致受
　　害人傷害或死亡者，不論**加害人有無過失，請求**
　　權人得依本法規定向**保險人**請求保險給付或向財
　　團法人汽車交通事故特別補償基金（以下簡稱**特**
　　別補償基金）請求補償。

二、可向「特別補償基金」請求補償時機：

　　（一）事故汽、機車無法查究（例如肇事逃
　　　　　逸）。

　　（二）事故汽、機車未投保強制險。

　　（三）事故汽、機車係未經被保險人同意使用或
　　　　　管理之被保險汽、機車（例如失竊車）。

　　（四）事故汽、機車為無須訂立本保險契約之汽
　　　　　車（例如拼裝車、農用車等）。

三、依強制險法（2016）第27條　本保險之給付項目如
　　下：

　　（一）傷害醫療費用給付。

　　（二）殘廢給付。

　　（三）死亡給付。

四、強制險給付標準（2017）：如表2-3-1。

表 2-3-1 強制險給付標準

給 付 項 目		標　　　準	每人最高額度	
傷害醫療費用給付	急救費用	救助搜索費、救護車及隨車醫護人員費用。	20萬	220萬
	診療費用 健保部分負擔	依健保法應自行負擔之費用		
	病房費差額	每日以1500元為限		
	膳食費	每日以180元為限		
	義肢裝置費	每一上肢或下肢以5萬元為限		
	義齒裝置費	每缺損一齒以1萬元為限，缺損5齒以上者，合計以5萬元為限。		
	義眼裝置費	每顆以1萬元為限		
	醫療材料費	以2萬元為限		
	接送費用	往返門診、轉診或出院之合理交通費用，以2萬元為限。		
	看護費用	因傷情嚴重所需之特別護理費及看護費等。但居家看護以經合格醫師證明確有必要者為限。（每日以1200元為限，但不得逾30日。）		
殘廢給付		殘廢程度分為15等級：5萬至200萬	200萬	
死亡給付		每人200萬	200萬	

資料來源：強制險給付標準（2017）；本著作自行整理。

五、統計2019年強制險承保車數與保費收入，如表2-3-2。

表2-3-2　2019年強制險承保車數與保費收入

單位：千元

汽　　車		機　　車		合　　計	
承保車數	保費收入	承保車數	保費收入	承保車數	保費收入
8,458,006	10,654,125	9,168,544	6,979,300	17,626,550	17,633,424

資料來源：保發中心（2020）：本著作自行整理。

第四節 任意險簡介

一、**駕駛人傷害險**：被保險人於保險契約有效期間內，因駕駛被保險汽車發生汽車交通意外事故，致被保險人身體蒙受傷害、失能或死亡時，保險公司依照保險契約的約定，給付保險金。

二、**第三人責任險與其附加險**之比較，如表2-4-1。

表 2-4-1 第三人責任險與其附加險之比較表

任意險險種	保 險 範 圍	理賠對象
第三人責任險（體傷＋財損）	僅對於超過強制險給付標準以上之部分對被保險人負賠償之責。	我方車外人
第三人責任險附加超額責任險	僅對超過強制險給付標準及第三人責任保險之保險金額以上部分對被保險人負賠償之責。	
第三人責任險附加乘客責任險	僅對於超過強制險給付標準以上之部分對被保險人負賠償之責。	我方乘客

資料來源：本著作自行整理。

三、**車體險**：依保險範圍由大至小分為三大類，如表2-4-2。

交通事故處理程序
實用版

表 2-4-2 車體險三大類保險範圍比較表

車 體 險 種		甲式	乙式	丙式
保險範圍	1.碰撞、傾覆	V	V	車與車碰撞
	2.火災	V	V	
	3.閃電、雷擊	V	V	
	4.爆炸	V	V	
	5.拋擲物或墜落物	V	V	
	6.第三者之非善意行為	V		
	7.不屬保險契約特別載明為不保事項之任何其他原因。	V		

資料來源：本著作自行整理。

四、竊盜損失損：被保險汽車在保險契約有效期間內因遭受竊盜、搶奪、強盜所致之毀損滅失，保險公司對被保險人負賠償之責。

第五節　車險理賠流程

一、車險理賠之定義：

　　王明智（2001）對於「**車險理賠**」之定義：為保險人對於被保險人在車險事故發生後，在一定條件下提出給付保險金之請求時，保險人應有受理的責任。

　　車險理賠是否適當，對於保險公司之經營與保戶的權益具有重大影響。保險公司在接獲保戶出險通知時，即須核勘損失、查證案情及釐清肇事責任，以讓保戶及時獲得合理的賠償與經濟的安定；簡言之「**理賠**」即是合理與理算的賠付。

二、車險理賠流程：如圖2-5-1。

圖 2-5-1 車險理賠流程

資料來源：本著作自行整理。

第六節　車險理賠應備文件

一、**強制險**理賠應備文件，如表2-6-1。

表 2-6-1 強制險理賠應備文件

項次	理 賠 應 備 文 件	醫療費用	殘廢給付	死亡給付
1	理賠申請書	V	V	V
2	憲警處理或其他事故證明正本	V	V	V
3	診斷書及其他病歷證明	V	V	V
4	醫療費用收據或證明	V		
5	請求權人身分證明	V	V	V
6	除戶證明暨全戶戶籍謄本（手抄本）			V
7	相驗屍體證明書			V
8	請求權人存摺影本	V	V	V
9	同意查閱病歷聲明書	V	V	V
10	同意複檢聲明書	V	V	V

資料來源：華南產險強制險條款（2016）；本著作自行整理。

第二章　保險理賠

二、**任意險**理賠應備文件，如表2-6-2。

表 2-6-2 任意險理賠應備文件

項次	理 賠 應 備 文 件	體傷	財損	死亡	本車損
1	理賠申請書	V	V	V	V
2	憲警處理或其他事故證明	V	V	V	V
3	診斷書及其他病歷證明	V		V	
4	醫療費用收據或證明	V			
5	請求權人身分證明	V	V	V	V
6	行照及駕照影本	V	V	V	V
7	除戶證明暨全戶戶籍謄本（手抄本）			V	
8	相驗屍體證明書			V	
9	請求權人存摺影本	V	V	V	V
10	財損或車損照片		V		V
11	財損或車損估價單		V		V
12	財損或車損付款憑證（結帳工單）		V		V
13	和解證明	V	V	V	
14	其他文件	V	V	V	V

資料來源：本著作自行整理。

第七節 車險之不保與追償事項

一、**強制險**之不保與追償事項，如表2-7-1。

表 2-7-1 強制險之不保與追償事項

項次	不保事項：受害人或其他請求權人有下列情事之一
1	故意行為所致
2	從事犯罪行為所致
項次	追償事項：被保險人（駕駛人）有下列情事之一
1	有飲用酒類或其他類似物後駕駛汽車，其吐氣或血液中所含酒精濃度超過道路交通管理法規規定之標準。
2	駕駛汽車，經測試檢定有吸食毒品、迷幻藥、麻醉藥品或其他相類似管制藥品。
3	故意行為所致
4	從事犯罪行為或逃避合法拘捕
5	違反道路交通管理處罰條例第21條或第21條之1規定而駕車

資料來源：強制險法（2016）；本著作自行整理。

二、**任意險**共同條款之不保事項，如表2-7-2。

表 2-7-2　任意險共同條款之不保事項

項次	不　保　事　項　（　一　）
1	因敵人侵略、外敵行為、戰爭或類似戰爭之行為（不論宣戰與否）、叛亂、內戰、軍事演習或政府機關之徵用、充公、沒收、扣押或破壞所致。
2	因核子反應、核子能輻射或放射性污染所致。
3	被保險人或被保險汽車所有人、使用人、管理人或駕駛人之故意或唆使之行為所致。
4	被保險汽車因出租予人或作收受報酬載運乘客或貨物等類似行為之使用所致。
5	因違反道路交通管理處罰條例第21條、第21條之1、第22條第1項第1款至第6款規定情形之一，而駕駛被保險汽車。
6	因吸毒、服用安非他命、大麻、海洛因、鴉片或服用、施打其他違禁藥物而駕駛被保險汽車。
7	駕駛被保險汽車從事犯罪或逃避合法逮捕之行為所致。
項次	**不保事項（二）非經本公司書面同意加保者，本公司不負賠償之責**
1	因罷工、暴動或民眾騷擾所致。
2	被保險汽車因供教練開車者或參加競賽或為競賽開道或試驗效能或測驗速度所致。
3	被保險人或駕駛人因受酒類影響駕駛被保險汽車所致

資料來源：華南產物自用汽車保險共同條款（2019）。*華南產險官網*；本著作自行整理。

第三章　肇事責任

第一節　申請警方肇事責任

　　若民眾發生交通事故時，可依臺中市政府警察局交通警察大隊（以下簡稱**臺中市警察局交通隊**）（2020）《交通事故權益寶典》**事故處理**中叮嚀：請當場索取「當事人登記聯單」後，依**事故處理後**權益叮嚀：可線上申辦或臨櫃申請「交通事故現場圖、現場照片與初步分析研判表」。

　　「道路交通事故資料申請書」表單可至各縣市警察局交通隊之官網下載，如表3-1-1。

表 3-1-1　道路交通事故資料申請書

道路交通事故資料申請書

發　生　時　間	年　　　月　　　日　　　時　　　分			
地　　　　　點				
申請人姓名		出生年月日	年　　月　　日	
國民身分證統一編號		聯絡電話		
地　　　　　址				
與　當　事　人關　　　　　係	□本人 □受當事人＿＿＿＿＿＿＿＿＿＿委託（請當事人於下欄親自簽章） □當事人之利害關係人＿＿＿＿＿＿＿＿＿ （請出示證明文件）			
申　請　事　項	茲因於上列時間、地點發生道路交通事故，請 □核發 □提供閱覽（擇一勾選） □現場圖乙份（事故發生7日後可申請）。 □現場照片乙份（事故發生7日後可申請）。 □交通事故初步分析研判表乙份（事故發生30日後可申請）。			
預定取件日期（由受理單位填寫）	年　　月　　日	案件編號		
	服務電話：	取件簽名		

此致

分局　　　　警備隊

警察局		派出所	
交通（大）隊		交通分隊	
申請人簽章：			
當事人簽章：		（非當事人委託者免填）	
身分證統一編號：			
地 址：			
電 話：			
申請日期：	年	月	日
備註	申請或取件請攜帶身分證正本、印章。		

承辦人： 主管：

附註：

資料來源：本著作自行整理。

第二節　警方肇事責任分析研判

　　交通事故的責任歸屬直接影響當事人的權益，所以警察局交通隊必須依據「道路交通事故處理辦法」（以下簡稱事故處理辦法）（2015）第10條：「警察機關對道路交通事故現場，應就下列事項詳加勘察、蒐證、詢問關係人，據以分析研判」。又第13條：「道路交通事故案件當事人或利害關係人，得於下列期間向警察機關申請閱覽或提供相關資料：

一、於事故現場得申請提供「當事人登記聯單」。

二、於事故7日後得申請閱覽或提供「現場圖、現場照片」。

三、於事故30日後得申請提供「道路交通事故初步分析研判表」（以下簡稱「初判表」如表3-2-1）。

表 3-2-1 初判表

○○○政府警察局道路交通事故初步分析研判表

肇事時間	年　月　日 時　　分	肇事地點		
當事人	車輛種類	車牌號碼	駕駛人姓名	
	初步分析研判可能之肇事原因 （或違規事實）			
當事人	車輛種類	車牌號碼	駕駛人姓名	
	初步分析研判可能之肇事原因 （或違規事實）			
此致 　　　　　　小姐／先生　　　　承辦人： 　　　　　　　　　　　　　　　核發單位： 　　中　華　民　國　　年　　　月　　　日				

附註：
資料來源：本著作自行整理。

　　　　　　　　　　　　　　　第三章　肇事責任

　　「初判表」警方係依「**路權**侵權行為」及「違反道路交通管理處罰條例或道路交通安全規則」的相關規定，來判定當事人的肇事責任。所謂「路權」係指：人或車使用道路（或通行道路）之權利（吳宗修與周孟書，1994）。

　　「初判表」通常考慮三項因素：

一、路權歸屬（道路優先使用權）。

二、駕駛行為（轉彎、直行或倒車）。

三、違反何種法令規章。

第三節　產險公司肇事責任分攤處理原則

　　產險公會（2014）為使車險理賠作業能達到迅速、有效與避免爭議的處理目標，加強提昇服務品質俾保障被保險人權益，特訂定「肇事責任分攤處理原則」，以供同業共同遵守。

一、肇事責任認定依據：

　　（一）法院判決書。

　　（二）車輛行車事故鑑定、覆議委員會鑑定意見書。

　　（三）警方初判表、現場圖或其他證明資料。

　　（四）公會汽車險委員會決議。

二、共同遵守原則：

　　（一）肇事原因為**單方者**負全部肇事責任100％。

　　（二）**同為肇事原因者**各分攤50％。

　　（三）互有肇事主、次因時，**肇事主因者**分攤70％，**次因者**分攤30％責任。

三、相關交通法規及簡稱如下：

　　（一）道路交通管理處罰條例（2019），以下簡稱為「**條例**」。

交通事故處理程序
實用版

　　（二）道路交通安全規則（2020），以下簡稱為
　　　　「道安」。

第四節　　基本路權說明

一、行經路口遇有交通警察指揮與號誌併用時，以交
　　通警察指揮為準。

二、無交通警察指揮時，依標誌或號誌行駛。

三、無交通警察指揮及無標誌或號誌路口，依路權優
　　先順序行駛。

（一）支線車應禮讓**幹線車**先行。

（二）兩車同為幹線車或支線車，左方車應禮讓**右方
　　　車**先行。

（三）路邊起駛車應禮讓**後方直行車**先行。

（四）轉彎車應禮讓**直行車**先行。

（五）停放中車輛欲開啟車門，應注意後方行進車輛
　　　動態。

第五節 一般常見交通事故類型

有下列9種類型：

一、追撞：如圖3-5-1。

追撞：
車輛行進中追撞，則後車需賠付前車之後方損失。
（參考法規：條例第58條第1款）

案例：
發生連環交通事故，丁車追撞丙車，丙車追撞乙車，
乙車追撞甲車。

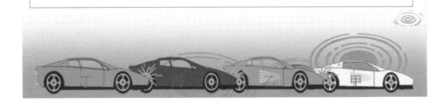

圖 3-5-1 一般常見交通事故類型——追撞

資料來源：華南產險；本著作自行整理。

二、推撞：如圖3-5-2。

推撞
車輛依順序完全停駛中或前有事故發生，車輛依序減速慢行，被後車追撞，造成一部追撞多部，最後車應負完全肇責。（參考法規：條例第58條第1款）

案例：
警方記錄：甲、乙兩車，因前有交通事故無法前進停止中，而後面之丙車因煞車不及先追撞乙車，致使乙車又再向前推撞甲車。

圖 3-5-2　一般常見交通事故類型——推撞

資料來源：華南產險；本著作自行整理。

三、幹、支線道：如圖3-5-3。

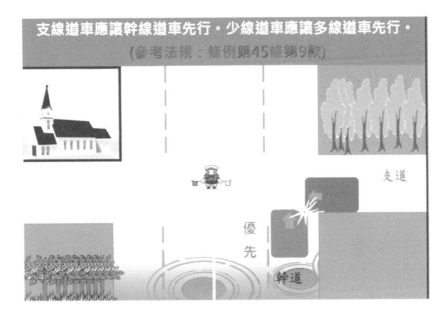

圖3-5-3　一般常見交通事故類型——幹、支線道

資料來源：華南產險；本著作自行整理。

　　　　　　　　　　　　第三章　肇事責任

四、左、右方車：如圖3-5-4。

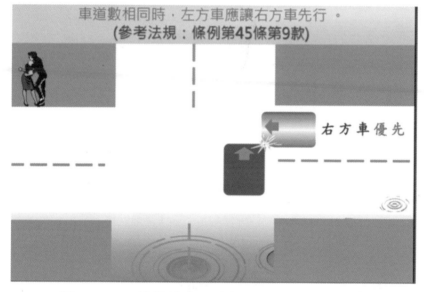

圖 3-5-4 一般常見交通事故類型——左、右方車

資料來源：華南產險；本著作自行整理。

五、起駛車：如圖3-5-5。

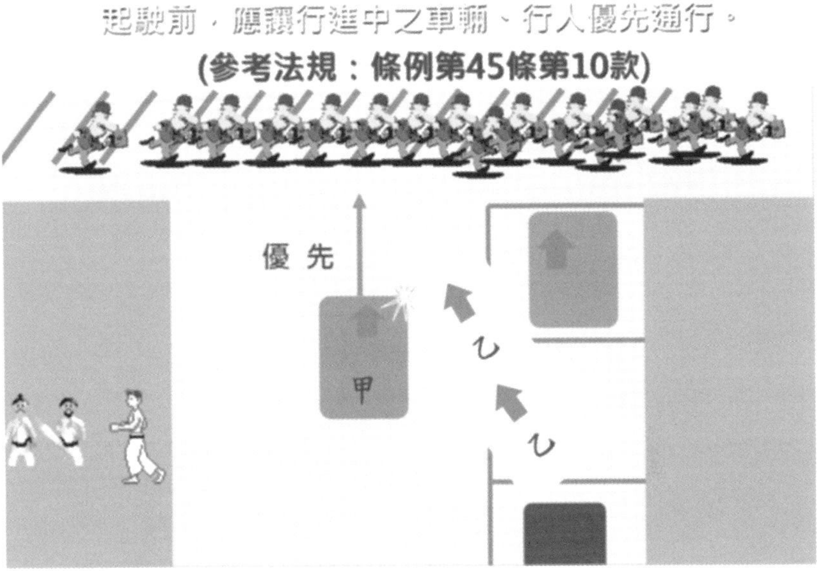

圖 3-5-5 一般常見交通事故類型——起駛車

資料來源：華南產險；本著作自行整理。

六、轉彎、直行車：如圖3-5-6。

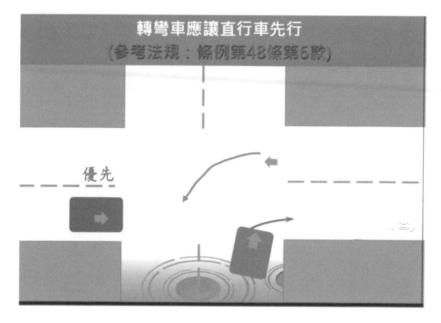

圖 3-5-6 一般常見交通事故類型——轉彎、直行車

資料來源：華南產險；本著作自行整理。

七、内、外車道：如圖3-5-7。

在多車道右轉彎，應先駛入外側車道，或多車道左轉彎，
應先駛入內側車道。(參考法規：條例第48條第4款)

圖 3-5-7 一般常見交通事故類型——內、外車道

資料來源：華南產險；本著作自行整理。

八、變換車道：如圖3-5-8。

圖 3-5-8 一般常見交通事故類型——變換車道

資料來源：華南產險；本著作自行整理。

九、開啓車門：如圖3-5-9。

停車向外開啟車門時，應注意行人、車輛，並讓其先行。
(參考法規：道安第112條第15款)

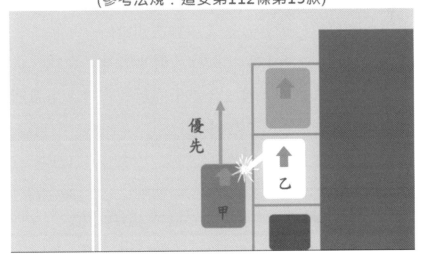

圖 3-5-9 一般常見交通事故類型——開啓車門

資料來源：華南產險；本著作自行整理。

第三章 肇事責任

第六節　肇事責任鑑定

一、申請鑑定

（一）若交通事故之當事人對警方所提供「初判表」上肇事原因存有疑義或無法判定時，可依「公路法」（2017）第67條所訂**事發地**「車輛行車事故鑑定委員會」（以下簡稱**鑑定會**）申請鑑定，申請表如下表3-6-1。

表 3-6-1 車輛行車事故鑑定委員會鑑定申請表

○○○**車輛行車事故鑑定委員會鑑定申請表**

肇事時間		_____年_____月_____日_____時_____分			
肇事地點		1.○○○_____區_____ 2.國道_____號（或_____快速公路）_____公里公尺_____向			
當事人	姓名	年齡	性別	身分證字號	
	駕駛車輛種類及車號				
	聯絡地址及電話				

	姓名	駕駛車輛種類及車號	姓名	駕駛車輛種類及車號
對方當事人				

	姓名： 簽章		與當事人關係	□本人 □繼承人 □車主 □法定代理人
申請人	聯絡地址			
	聯絡電話		申請日期	年　　月　　日

現場處理單位	○○○政府警察局_____分局_____分隊（派出所） 國道公路警察局第_____公路警察大隊_____分隊

傷亡情形	□死亡 □受傷 □無	是否已在司法審理中	□是　　　□否

注意事項：
1.
2.
3.

地址：　　　　　　　　電話：　　　傳真：

資料來源：本著作自行整理。

（二）依「車輛行車事故鑑定及覆議作業辦法」
（2019）第3條：「鑑定會受理行車事故鑑定案
件以經警察機關處理，並經行車事故當事人或
其繼承人或法定代理人、車輛所有人申請，或
經現場處理機關移送司法機關囑託為限。但下
列案件**不予受理鑑定**」，如表3-6-2。

表 3-6-2　「鑑定會」不予受理鑑定類型

項次	類　　　　　　　　型
1	鑑定案件進入偵查或審判程序中，且非經司法機關囑託者。
2	申請或警（憲）機關移送之案件距肇事日期逾6個月以上。但因天災或其他不可歸責之事由而遲誤該期限者，不在此限。
3	非屬道路交通管理處罰條例第3條第1款所指道路範圍之行車事故案件。
4	已鑑定之行車事故案件。

資料來源：臺中市車輛行車事故鑑定會官網（2020）；本著作自
行整理。

二、鑑定案件作業流程

　　可參閱「臺中市車輛行車事故鑑定會」官網
（2020），如下圖3-6-1。依「車輛行車事故鑑定及覆
議作業辦法」（2019）第9條：鑑定案件應自受理之翌
日起**2個月內**鑑定完竣，並將**鑑定意見書**通知申請人或
移送囑託機關，並以副本連同鑑定意見書抄送鑑定會
各委員、憲警處理單位、各當事人及關係人。

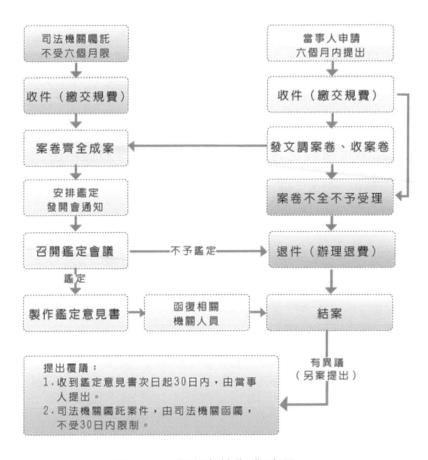

圖 3-6-1 鑑定案件作業流程

資料來源：臺中市車輛行車事故鑑定會官網（2020）

三、鑑定意見書

格式內容如下表3-6-3。

表 3-6-3 鑑定意見書

（　　　　　　　　　　　　）鑑定會鑑定意見書

壹、囑託（申請）者：

貳、當事人：　　、（性別：　　、　年　月　日生）、

車　種：　　　。

當事人：　　　、（性別：　　、　年　月　日生）、

車　種：　　　。

參、一般狀況：

一、時間：　　年　　月　　日　　時　　分

二、地點：

三、天候：

四、路況：

五、車損情形：

六、傷亡情形：

肆、肇事經過：　　於年　　月　　日　　時　　分

伍、肇事分析：

一、駕駛行為：

二、佐證資料：

三、路權歸屬：

四、法規依據：

陸、其他：

柒、鑑定意見：

附記：本鑑定書僅提供司法機關及當事人參考；如當事人仍有異議時，得於收受鑑定意見書之翌日起30日內，敘明理由並檢附鑑定意見書影本乙份向（　　　　　　）覆議會申請覆議（機關地址：　　　　　　　），但以一次為限。其已進入司法程序者，應向該管司法機關聲請轉送（　　　　　　　）覆議會覆議。

　　　中華民國　　　年　　　月　　　日

註：請將本案判決結果副知本鑑定會

　　鑑定會戳

資料來源：本著作自行整理。

第七節　肇事原因與肇事人特性分析

一、肇事原因

　　依警政署警政統計通報（2019，3月）：107年A1類（造成人員當場或24小時內死亡之交通事故）交通事故1,457件（如圖3-7-1），肇事原因逾94％均為**駕駛人過失**，前5項依序為「未依規定讓車」201件（占13.80％）、「違反號誌、標誌管制」143件（占9.81％）、「轉彎不當」129件（占8.85％）、「酒後駕車」96件（占6.59％）及「行人（或乘客）疏失」66件（占4.53％），顯示加強宣導**駕駛人（用路人）守法與禮讓精神**之重要性。

第三章　肇事責任

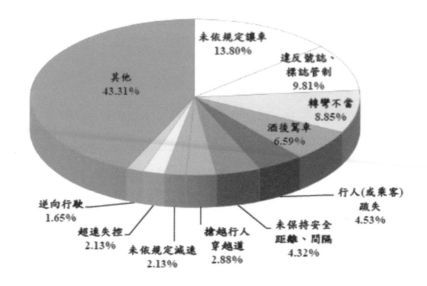

圖 3-7-1 107 年 A1 類交通事故肇事原因

資料來源：警政署警政統計通報（2019，3月）。107 年 A1 類道
路交通事故肇事原因與肇事人特性分析。

二、肇事人（肇事原因或責任較重之一方）年齡

（一）件數：107年以「18-29歲」319件（占21.89％）

　　　最多，「30-39歲」246 件（占16.88％）次之，

　　　「50-59歲」238件（占16.33％）再次之。

（二）年齡別肇事率：107年每10萬人口發生A1類交通

　　　事故6.18件，其中又「70歲以上」發生10.50件

　　　最多，「18-29歲」8.49件居次，「60-64歲　　」

　　　7.37件居第3，顯示高齡者及年輕族群肇事率較

高，除多宣導鼓勵高齡者多搭乘大眾運輸工具外，年輕族群安全駕駛觀念則首重由學生族群開始扎根，透過教育體系全面強化交通安全於學校教育中。

三、肇事時間

依內政部統計通報（2019，3月）107年以16-18時發生事故173件（占11.87％）最高，8-10時164件（占11.26 ％）次之，6-8時160件（占10.98％）居第3，顯示上下班（學）通勤時間車流量大，交 通事故發生件數亦相對較多。

第四章　和解

　　依民法（2019）第736條：「稱和解者，謂當事人約定，互相讓步，以終止爭執或防止爭執發生之契約。」「和解」為交通事故處理程序的最後一哩路，途中變數很多且因人而異，唯有靠當事人的諒解與了解，才能順利圓滿走到終點。

第一節　和解對象

一、因和解是契約的一種，所以和解對象是否適格，
　　直接影響和解效力，故說明如表4-1-1。

交通事故處理程序
實用版

表 4-1-1 任意第三人責任險和解對象

和 解 對 象	體 傷	財 損	死 亡
請求權人（傷者）	V		
法定繼承人			V
所有權人		V	

資料來源：本著作自行整理。

二、和解書不拘形式，而和解對象即**當事人**可以甲、
乙方相稱，如有第三方以上者，則依序稱為丙、
丁方等。和解對象範例，如表4-1-2。**和解日期與
地點**可填寫在「**和解書**」抬頭右下方處。

表 4-1-2 和解對象範例

和 解 書

中華民國　　年　　月　　日簽具

和解地點：

稱謂	姓　名 或名稱	身分證字號 或統一編號	地　　　　　址
甲方			
乙方			

資料來源：本著作自行整理。

三、當事人未滿20歲，依民法（2019）第79條：限制
　　行為能力人未得法定代理人之允許，所訂立之契
　　約，須經**法定代理人**之承認，始生效力。（**即限
　　制行為能力人與法定代理人**同列為和解對象）。

四、當事人為**法人**（如公司車）依民法（2019）第188
　　條：受僱人因執行職務，不法侵害他人之權利
　　者，由**僱用人與行為人**連帶負損害賠償責任。
　　（**即法人與駕駛人**須連帶列為和解對象）。

第二節　和解方式

一、自行和解

　　如上節所述「和解書」形式，而和解書內容如下：

（一）內容至少要載明「人、事、時、地、物」五大
　　　要件：人（當事人姓名）、事（肇事經過）、
　　　時（事發日期、時間）、地（事發地點）、物
　　　（車損程度、有無受傷、償付金額與給付方式
　　　等）。和解書內容範例，如表4-2-1。

表 4-2-1 和解書内容範例

甲方〇〇〇駕駛〇〇〇號車,於中華民國〇〇〇年〇〇月〇〇日〇〇時許,在〇〇〇〇〇〇與乙方〇〇〇駕駛〇〇〇號車發生事故,致乙方車輛受損,〇〇〇受傷。

茲鑒於事出意外,雙方同意和解結案,條件如下:

1. 甲方願賠付乙方車輛修理費及其他一切損失(含強制險各項給付)合計新台幣〇〇〇元整,且將費用賠付乙方所指定〇〇〇帳戶內。

2. 嗣後無論任何情形雙方不可再向對方要求賠償,並不得再有異議及拋棄民刑事訴訟法上一切追訴權。若已提出告訴時應即時無條件辦理撤銷告訴。

3. 上列各項和解條件經雙方交付閱讀,同意遵守並無異議。

資料來源:本著作自行整理。

(二)和解書內容經檢視正確後,由雙方當事人在「**和解書**」下方處簽名或蓋章,如表4-2-2。

表 4-2-2 和解書簽章範例

立書人

　　甲方：○○○（簽章）

　　乙方：○○○（簽章）

資料來源：本著作自行整理。

（三）和解之效力依民法（2019）第737條：和解有使
　　　當事人所拋棄之權利消滅及使當事人取得和解
　　　契約所訂明權利之效力。

二、調解

（一）**聲請調解**有下列3種方式：

1.**員警轉介**：依「鄉鎮市調解條例（2009）第10條：
　聲請調解，由當事人向調解委員會以書面或言詞為
　之。言詞聲請者，應製作筆錄；書面聲請者，應按
　他造人數提出繕本。」交通事故發生，處理員警製
　作筆錄時，若有當事人之一方言詞聲請者，警方會
　將此案件轉介至「**調解委員會**（以下簡稱**調解**
　會），而約莫15天左右，當事人會收到調解會所寄

出之「**調解通知書**」。

2. 當事人一方至「鄉／鎮／市／區調解會」**書面聲**
請。

3. 當事人一方以「鄉／鎮／市／區調解會」**網路聲**
請。

　　因當事人一方擬向**調解會**以「書面或網路聲請」
（**如上述**2.**或**3.）時，須有**對造人之地址**，故請**員警轉**
介（**如上述**1.）**調解**是最便利的方法。

（二）調解會受理調解案件流程，如圖4-2-1。

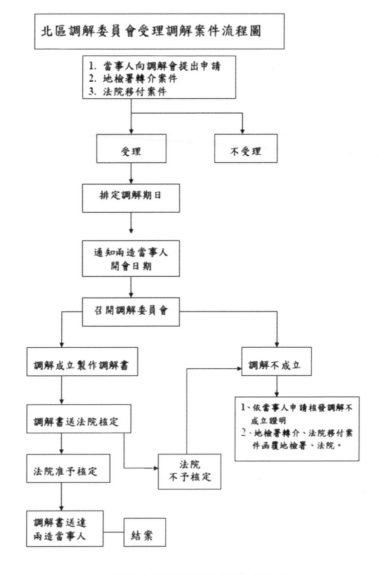

圖 4-2-1 調解會受理調解案件流程圖

資料來源：臺南市北區區公所（2020）。受理調解流程圖。

（三）委任書：調解當事人（即**委任人**）如不能親自
　　　　　出席調解會議時，應填寫「委任書」
　　　　　（如表4-2-3）委任代理人（即**受任
　　　　　人**）出席調解。

表 4-2-3 調解會委任書

委　任　書				年　調字第　　號		
稱謂	姓名 (或名稱)	性別	出生日期	國民身分證統一編號	職業	住所或居所 (事務所或營業所)
委任人						
受任人						

　　茲因與　　　　　　間　　　　　　調解事件，
　　委任　　　　　　　　為代理人，有代為一切調解行為之
權，並有同意調解條件、撤回、捨棄、領取所爭物或選任代理
人等特別代理權。

　　此致

　　　縣〈市〉　　　　　鄉〈鎮市區〉調解委員會

　　委任人：　　　　　　　　　　　〈簽名或蓋章〉

　　受任人：　　　　　　　　　　　〈簽名或蓋章〉

　　　　　　中　華　民　國　　　　年　　　月　　　日

資料來源：本著作自行整理。

（四）調解成立結果：調解書（筆錄）如表4-2-4。

表 4-2-4 調解會調解書（筆錄）

○○○○○調解委員會調解書（筆錄）						年刑調字第　　號	
稱謂	姓名 （或名稱）	性別	出生日期	國民身分證統一編號	職業	住所或居所 （事務所或營業所）	
聲請人 （法定代理人） （委任代理人）							
對造人 （法定代理人） （委任代理人）							

上當事人間　車禍糾紛　事件，於民國　　年　　月　　日　　時　　分在○○○○○調解委員會　經本會調解成立，內容如下：

（本件現正在　　　　　　地方法院檢察署偵查審理中，案號如右：　　　　　　　）

上調解成立內容：經向當場兩造當事人朗讀或交付閱讀，並無異議。

　　　　聲請人：　　　　　　　〈簽名或蓋章〉

　　　　對造人：　　　　　　　〈簽名或蓋章〉

中　華　民　國　　　　年　　　月　　　日						

主　　席：　　　　　　〈簽名或蓋章〉

紀　　錄：　　　　　　〈簽名或蓋章〉

資料來源：本著作自行整理。

（五）調解效力：依鄉鎮市調解條例（2009）第27
　　　條：調解經法院核定後，當事人就該事件不得
　　　再行起訴、告訴或自訴。經法院核定之民事調
　　　解，與民事確定判決有同一之效力；經法院核
　　　定之刑事調解，以給付金錢或其他代替物或有
　　　價證券之一定數量為標的者，其調解書得為執
　　　行名義。

　　　　　　　　　　　　　　第四章　和解

第三節　和解時機

「任意第三人責任險」和解時機，如表4-3-1。

表 4-3-1 任意第三人責任險和解時機

	體　傷	財　損	死　亡
相同點	肇事責任確定時		
不同點	依傷勢程度來決定和解時機，一般建議在交通事故後6個月內。	財損金額確定時	建議聲請「調解會」調解

資料來源：本著作自行整理。

第四節　和解地點

「和解地點」建議在公開場所，如保險公司、調解會或警方處。

第五節　和解應注意事項

一、一般輕微車損或體傷，有些人會自行和解或當場以現金賠償的方式解決；其實交通事故不論大小，最好現場報警處理，否則日後有糾紛，只能循民事訴訟途徑。

二、不建議肇事現場自行和解，但輕微車損或體傷要現場和解時，一定要寫下「和解書」以茲證明。

三、和解後若一方不履行時，他方可以提起訴訟請求對方履行和解契約。

四、和解條件是以分期支付賠償金時，建議在「調解會」簽立調解書（筆錄），因肇事人未履行給付時，可持「調解書」對肇事人之財產聲請強制執行。

五、若當事人有體傷時，和解條件應註明：包含或不包含**強制險各項給付**。

六、若當事人有車險，和解時應通知保險公司理賠員在場協助處理，勿自行和解，否則保險公司未參與者，保險公司不受和解內容的拘束，會影響到您的理賠權益。

第五章　法律責任

第一節　民事責任

　　交通事故發生後若有人受傷時，會有三種法律責任：如表5-1-1。車險僅承保**民事賠償責任**，刑事與行政責任非其理賠之範圍；即因交通事故所致他人體傷或財損之部分，均可由車險予以填補，但有保險金額（以下簡稱**保額**）為其最高賠償限度。與第三人和解之金額若超過**保額**，則超過部分須由被保險人自行負擔（附記：為避免此情況發生，保戶可考慮加保**超額責任險**，如表2-4-1）。

交通事故處理程序
實用版

表 5-1-1 交通事故之法律責任

項次	分類	說　　　明
1	民事責任	加害人的不當肇事行為所致被害人有損害時，所須負擔的賠償責任。
2	刑事責任	加害人的不當肇事行為因而致人死傷，構成刑法犯罪要件所應負的責任。
3	行政責任	當事人有違反「道路交通管理處罰條例」等法令之不當行為，依規定應接受罰緩、記點或吊照等行政罰的責任。

資料來源：本著作自行整理。

一、被害人是否有權向加害人請求賠償，係依「民法
　　（2019）第184條：因故意或過失，不法侵害他人
　　之權利者，負損害賠償責任。」為基礎。對於車
　　險理賠，被保險人之**故意行為**屬於除外不保事
　　項。侵權行為（因自己過失行為造成他人財物或
　　人身損傷）之損害賠償責任，包括：
　　（一）造成他人財物損壞之合理修復費用或無法
　　　　　修復時購置之合理費用。
　　（二）造成他人傷亡時之合理且必要賠償費用。
　　民事損害賠償可請求項目依「財物、體傷與死
　　亡」分類 如表5-1-2。

表 5-1-2 民事損害賠償可請求項目

賠償項目	民法（2019）條	請 求 項 目	請 求 權 人
財物	196	財物因毀損所減少之價額	所有權人
	213-215	回復他方損害發生前之原狀或金錢賠償	
體傷	184、216	醫療費	被害人本人
	193	增加生活上之需要	
	193	喪減勞動能力	
	195	精神慰撫金	
死亡	184、192	醫療費	支出人
	184、192	增加生活上之需要	支出人
	184、192	扶養費	法定扶養權利人
	184、192	殯葬費	支出人
	184、194	精神慰撫金	被害人之父母、配偶及子女

資料來源：本著作自行整理。

二、車險第三人責任保險理賠範圍及方式，依華南產
　　險汽車第三人責任保險（2019）第10條：

　　（一）傷害責任：

　　1.急救或護送費用：緊急救治或護送傷亡者，所必
　　　需之實際費用。

　　2.醫療費用：須具有執照之中、西醫療院所開具之

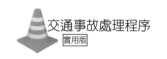

醫療費用單據,包括掛號、醫藥、X光檢查等必需費用,如向藥房購買藥品等單據並應由主治醫師簽證。

3. 交通費用:以受傷者在治療期間來往醫療院所必需之實際交通費用為限。

4. 看護費用:以傷情嚴重確實必要者為限,但僱用特別護士時,須有主治醫師認為必要之書面證明。

5. 診斷書、證明書費用:診斷書須由合格醫師所開立,並儘量要求醫師在診斷書上填寫該治療期間需否住院,住院日數以及療養方法與期間並作詳確之估計。

6. 喪葬費用及精神慰藉金:參照被害者之工作收入、受扶養之遺屬人數、生活程度及當地習慣等給付合理金額。

7. 自療費用:得視受傷情形及病癒程度,並參照已支用之醫藥費及醫師診斷書所記載應繼續治療期間,給予必需之自療費用。

8. 其他傷害或死亡賠償:以第三人依法可請求賠償者為限。

（二）財損責任：

1. 運費：搬運第三人財物損壞所必需之實際費用。

2. 修復費用：修復第三人受損財物所需費用。但以該第三人受損財物之實際價值為限。

3. 補償費用：第三人之寵物、衣服、家畜、紀念品等因遭受損害，無法修理或回復原狀得按實際損失協議理賠之。

4. 其他財損賠償：以第三人依法可請求賠償者為限。

三、上述其他傷害、死亡或財損賠償以第三人依法可請求項目（舉例如下）：

（一）傷害責任：

1. 工作損失：以診斷書須載明宜休養期間，而且有請假及薪資證明（如：　薪資單（條）、所得扣繳憑單、轉帳或勞健保投保金額等）。

2. 喪減勞動能力之計算係依下列3步驟：

（1）**喪減程度**：實務上參酌勞工保險條例（2015）第53至54-1條及勞工保險失能給付標準（2015）第3條來做認定。認定時再依

　　　　　第五章　法律責任

　　曾隆興（2002）所列「各殘廢（失能）等級喪失或減少勞動能力比率表」估算，即將殘廢（失能）等級1至15級各自**對應**如表5-1-3喪失或減少勞動能力程度。

表 5-1-3

各殘廢（失能）等級喪失或減少勞動能力比率表

殘廢（失能）等級	喪失或減少勞動能力程度（％）
1	100
2	100
3	100
4	92.28
5	84.59
6	76.90
7	69.21
8	61.52
9	53.83
10	46.14
11	38.45

12	30.76
13	23.07
14	15.38
15	7.69

資料來源：曾隆興（2002），詳解損害賠償法。
本著作自行整理。

（2）**勞動年數**：因勞基法就勞工強制退休之年齡
　　已修改至65歲，故可計算至65歲，至於勞
　　動年數始期，成年人自受傷時起算；而未
　　成年人有從18歲起算者，亦有從將來可能
　　就業歲數起算者。

（3）**被害人之所得額**：有固定收入薪資者，可
　　依憑證計算；但無職業者，在認定上便有
　　困難，如下說明：

　　（A）家管者之所得：家管者雖無收入，但
　　　　其受害無法從事家管，而僱用他人支
　　　　付報酬時，應可認列。

　　（B）失業者之所得：可參酌其健康、年
　　　　齡、學經歷及失業前的職業與收

第五章　法律責任

入來認定其損害。

（Ｃ）老人、失能或退休者之所得：老人、失能或退休者，若仍有勞動能力，其因受害而喪減勞動能力時，可依其家庭環境、勞動意願及各種實際情形，來認定所得之損害。

表 5-1-4 霍夫曼係數表（年別單利 5％複式）

第一年不扣除中間利息

年期	係　數	年期	係　數	年期	係　數	年期	係　數
1	1.00000000	26	16.9441692	51	25.701942	76	31.77213647
2	1.95238095	27	17.3789518	52	25.983632	77	31.98046981
3	2.86147186	28	17.8044837	53	26.26141	78	32.18665538
4	3.73103708	29	18.2211504	54	26.535383	79	32.39073701
5	4.56437041	30	18.6293136	55	26.805653	80	32.59275721
6	5.36437041	31	19.0293136	56	27.072319	81	32.79275721
7	6.13360118	32	19.4214705	57	27.335477	82	32.99077701
8	6.87434192	33	19.8060859	58	27.595218	83	33.18685544
9	7.58862764	34	20.1834444	59	27.851628	84	33.3810302
10	8.27828281	35	20.5538147	60	28.104792	85	33.57333789
11	8.94494948	36	20.9174511	61	28.354792	86	33.76381408
12	9.59011077	37	21.274594	62	28.601706	87	33.95249333
13	10.21511077	38	21.6254712	63	28.845608	88	34.13940922
14	10.82117137	39	21.9702987	64	29.086572	89	34.3245944
15	11.40940667	40	22.3092818	65	29.324668	90	34.50808064
16	11.98083524	41	22.6426151	66	29.559962	91	34.68989882

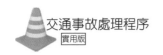
17	12.53639079	42	22.970484	67	29.79252	92	34.870079
18	13.07693133	43	23.2930646	68	30.022405	93	35.04865043
19	13.60324712	44	23.6105249	69	30.249678	94	35.22564158
20	14.11606764	45	23.9230249	70	30.474397	95	35.40108018
21	14.61606764	46	24.2307172	71	30.696619	96	35.57499322
22	15.10387251	47	24.5337475	72	30.916399	97	35.74740701
23	15.58006299	48	24.832255	73	31.13379	98	35.91834719
24	16.04517927	49	25.1263727	74	31.348844	99	36.08783871
25	16.49972472	50	25.4162277	75	31.56161	100	36.25590594
						101	36.4225726

資料來源：本著作自行整理。

綜合上述「喪減勞動能力」計算公式

＝月薪×12個月×（勞動年數換算成霍夫曼係數）×喪減勞動能力比率

舉例：小明交通事故受傷時年齡45歲，月薪5萬元，距離退休年齡65歲尚有20年（對應上表5-1-4霍夫曼係數為14.11606764），其失能等級12級對應上表5-1-3喪減勞動能力程度為30.76％，則喪減勞動能力之計

算式 = 5 萬元 × 12 個月 × 14.11606764 × 30.76 ％ = 2,605,261元。

上列數據僅供參考，若雙方對計算方式認知不一時，法院會函請相關單位鑑定，例如依「醫院鑑定報告」所提出之喪失或減少勞動能力比率，最後再由法院做出判決。

3. 扶養費：依民法（2019）192條：被害人對於第三人負有法定扶養義務者，加害人對於該第三人亦應負損害賠償責任。扶養費計算相關規定如下：

（1）請求權人（即法定扶養權利人）應受**扶養年限**：

（A）受法定扶養權利人為**未成年時**，算至**成年（20歲）**。

（B）受法定扶養權利人為**直系血親尊親屬**時，算至其**平均餘命**（可參閱「內政部」（2019）臺閩地區簡易生命表平均餘命）。

（2）應受扶養水準：可依個人綜合所得稅納稅義務人扶養親屬的免稅額、每人基本生活費或

交通事故處理程序
實用版

各縣市政府公布之每月經常性支出。

（3）扶養費計算公式＝（1）扶養年限×（2）扶養水準

舉例：108年有件交通事故死者年齡為30歲，未婚，上有<u>父57歲</u>、<u>母54歲</u>及2位妹妹。參閱上述（B）可查得：

<u>父</u>有平均餘命25年之扶養費＝<u>541,205</u>＝

88,000（未滿70歲之免稅額）×10.21511077（距離70歲尚有13年之霍夫曼係數）÷4（妻＋死者＋2位妹妹）＋132,000（年滿70歲之免稅額）×9.59011077（<u>57＋25</u>＝82歲－70歲＝12年之霍夫曼係數）÷4（妻＋死者＋2位妹妹）。

<u>母</u>有平均餘命32年之扶養費＝<u>783,881</u>＝

88,000（未滿70歲之免稅額）×11.98083524（距離70歲尚有16年之霍夫曼係數）÷4（夫＋死者＋2位妹妹）＋132,000（年滿70歲之免稅額）×7.58862764（父餘命25年－16＝9年之霍夫曼係數）÷4（夫＋死者＋2位妹妹）＋132,000（年滿70歲之免稅額）×6.13360118（母餘命32年－16－9＝7年之霍夫曼係數）÷3（死者＋2位妹妹）。

（二）財損責任：

1. 財損不能修復或修復有重大困難：如年份較久的車輛受損時修理費超過購入同等車之價值者（可參考「權威車訊」），被害人可選擇：

（1）依民法（2019）第196條請求減損之價額：車輛為新車時，可依購入價金減去車輛報廢殘值；如為中古車時，可依現價（可參考「權威車訊」）減去車輛報廢殘值。

（2）依民法（2019）第215條請求金錢賠償：實務上以取得同等車須支出之價金。

2. 不能營業之損失：如營業用車受損時，另行租車之費用可以請求。

第二節　刑事責任

一、交通事故之肇事人成立刑事責任須具備以下條件：

（一）肇事人要有**責任條件**，即依刑法（2020）第12條：行為非出於故意或過失者，不罰。過失行為之處罰，以有特別規定者，為限。

（二）肇事人要有**責任能力**，即依刑法（2020）第18－19條，肇事人須年滿14歲或行為時無因精神障礙或其他心智缺陷，致不能辨識其行為違法或欠缺依其辨識而行為之能力者。

（三）肇事行為與結果須有**因果關係**。

（四）肇事行為須符合**刑法分則**（或特別刑法）各條之構成要件及**無阻卻違法事由**（例如正當防衛與緊急避難等）存在。

二、類型

（一）故意：依刑法（2020）第13條：行為人對於構成犯罪之事實，明知並有意使其發生

者，為故意。行為人對於構成犯罪之事實，預見其發生而其發生並不違背其本意者，以故意論。（舉例如殺人罪，依刑法第271條）。

（二）過失：依刑法（2020）第14條：行為人雖非故意，但按其情節應注意，並能注意，而不注意者，為過失。行為人對於構成犯罪之事實，雖預見其能發生而確信其不發生者，以過失論。

1. 過失致死罪：依刑法（2020）第276條：因過失致人於死者，處5年以下有期徒刑、拘役或50萬元以下罰金。

2. 過失傷害罪：依刑法（2020）第284條：因過失傷害人者，處1年以下有期徒刑、拘役或10萬元以下罰金；致重傷者，處3年以下有期徒刑、拘役或30萬元以下罰金。

（三）故意或過失：

1. 遺棄致死罪：依刑法（2020）第294條：對於無自救力之人，依法令或契約應扶助、養育或保護而遺棄之，或不為其生存所必

要之扶助、養育或保護者，處6月以上、5年以下有期徒刑。因而致人於死者，處無期徒刑或7年以上有期徒刑；致重傷者，處3年以上10年以下有期徒刑。

2. 肇事逃逸罪：依刑法（2020）第185-4條：駕駛動力交通工具肇事，致人死傷而逃逸者，處1年以上7年以下有期徒刑。

3. 依刑法（2020）第185-3條駕駛動力交通工具而有下列情形之一者，處2年以下有期徒刑，得併科20萬元以下罰金：

（1）吐氣所含酒精濃度達每公升0.25毫克或血液中酒精濃度達百分之0.05以上。

（2）有前款以外之其他情事足認服用酒類或其他相類之物，致不能安全駕駛。

（3）服用毒品、麻醉藥品或其他相類之物，致不能安全駕駛。

因而致人於死者，處3年以上10年以下有期徒刑；致重傷者，處1年以上7年以下有期徒刑。

曾犯本條或陸海空軍刑法第54條之罪，經有罪

判決確定或經緩起訴處分確定，於5年內再犯第一項之罪因而致人於死者，處無期徒刑或5年以上有期徒刑；致重傷者，處3年以上10年以下有期徒刑。

三、追訴

刑事訴訟法之規定，追訴被告可分為「**公訴**」及「**自訴**」兩種。

（一）**公訴**：係指由檢察官代表國家對被告所提起之訴訟。又可分為兩種：

1. **非告訴乃論**：被害人死亡時，由檢察官依法應主動加以偵查追訴。

2. **告訴乃論**：過失傷害罪之被害人若僅身體受有傷害時，則依刑法（2020）第287條，須向警察或檢察官提出告訴。告訴期間依刑事訴訟法（2020）第237條：「自得為告訴之人知悉犯人之時起，於**6個月內**為之。」若超過6個月才提告時，檢察官應為不起訴處分，法院則應為不受理之判決。

（二）**自訴**：由被害人對被告逕向地方法院提起訴

訟，即被害人亦得不經檢警單位直接遞狀向地
方法院提起自訴。

四、救濟

（一）**聲請再議**：依刑事訴訟法（2020）第256條：告
訴人接受不起訴或緩起訴處分書後，得於7日內
以書狀敘述不服之理由，經原檢察官向直接上
級檢察署檢察長或檢察總長聲請再議。

（二）**上訴**：依刑事訴訟法（2020）第344條：當事人
對於下級法院之判決有不服者，得上訴於上級
法院。

第三節　行政責任

一、種類

(一) **吊銷駕駛執照**：（舉例）道路交通管理處罰條例（2019）第35條：汽機車駕駛人，駕駛汽機車經測試檢定有下列情形之一，致人重傷或死亡者，**吊銷**其駕駛執照，並不得再考領：

1. 酒精濃度超過規定標準。

2. 吸食毒品、迷幻藥、麻醉藥品及其相類似之管制藥品。

(二) **吊扣駕駛執照**：（舉例）道路交通管理處罰條例（2019）第35條：汽機車駕駛人，駕駛汽機車經測試檢定有下列情形之一，機車駕駛人處新臺幣15,000元以上90,000元以下罰鍰，汽車駕駛人處新臺幣30,000元以上120,000元以下罰鍰，並均當場移置保管該汽機車及**吊扣**其駕駛執照1年至2年。

1. 酒精濃度超過規定標準。

2. 吸食毒品、迷幻藥、麻醉藥品及其相類似

之管制藥品。

（三）**吊銷（扣）汽車牌照**：（舉例）道路交通管理處罰條例（2019）第65條：汽車所有人、駕駛人違反本條例，經主管機關裁決書送達後逾30日之不變期間未向管轄之地方法院行政訴訟庭提起撤銷訴訟，或其訴訟經法院裁判確定，而不繳納罰鍰或不繳送汽車牌照、駕駛執照者，依下列規定處理之：

1. 經處分**吊銷**汽車牌照或駕駛執照者，由公路主管機關逕行註銷。

2. 經處分**吊扣**汽車牌照或駕駛執照者，按其吊扣期間加倍處分；仍不依限期繳送汽車牌照或駕駛執照者，吊銷其汽車牌照或駕駛執照。

3. 罰鍰不繳納者，依法移送強制執行。

（四）**罰緩**：如上（舉例）道路交通管理處罰條例（2019）第35條。

（五）**記點**：（舉例）道路交通管理處罰條例（2019）第53條（汽車駕駛人，行經有燈

光號誌管制之交岔路口闖紅燈者，處新臺幣1,800元以上5,400以下罰鍰。前項紅燈右轉行為者，處新臺幣600元以上1,800元以下罰鍰。）及63條（記違規點數3點。汽車駕駛人在6個月內，違規**記點**共達6點以上者，吊扣駕駛執照1個月。）

（六）**講習：**（舉例）道路交通管理處罰條例（2019）第21條：汽車駕駛人，有下列情形之一者，處新臺幣6,000元以上12,000元以下罰鍰，並當場禁止其駕駛：

1. 未領有駕駛執照駕駛小型車或機車。

2. 領有機車駕駛執照，駕駛小型車。

3. 使用偽造、變造或矇領之駕駛執照駕駛小型車或機車。

未滿18歲之人，違反第1項第1款或第3款規定者，汽車駕駛人及其法定代理人或監護人，應同時施以道路交通安全講習。

二、救濟

（一）**陳述：**依道路交通管理處罰條例（2019）第

第五章　法律責任

8條：違反本條例之行為，由下列機關處罰之：

1.第12條至第68條及第92條第7項、第8項由公路主管機關處罰。

2.第69條至第84條由警察機關處罰。

前項處罰於裁決前，應給予違規行為人陳述之機會。

（二）**行政訴訟：**依道路交通管理處罰條例（2019）

1.第65條：汽車所有人、駕駛人違反本條例，經主管機關裁決書送達後逾30日之不變期間未向管轄之地方法院行政訴訟庭提起撤銷訴訟，或其訴訟經法院裁判確定，而不繳納罰鍰或不繳送汽車牌照、駕駛執照者，依下列規定處理之：

（1）經處分吊銷汽車牌照或駕駛執照者，由公路主管機關逕行註銷。

（2）經處分吊扣汽車牌照或駕駛執照者，按其吊扣期間加倍處分；仍不依限期繳送汽車牌照或駕駛執照者，吊銷其汽車牌

照或駕駛執照。

（3）罰鍰不繳納者，依法移送強制執行。

2. 第87條：受處分人不服第8條或第37條第6
   項處罰之裁決者，應以原處分機關為被
   告，逕向管轄之地方法院行政訴訟庭提起
   訴訟；其中撤銷訴訟之提起，應於裁決書
   送達後30日之不變期間內為之。

第六章　訴訟程序

第一節　刑事訴訟

　　交通事故當事人若對賠償之問題無法經由和解或調解予以終止爭執時，只好進入訴訟程序。若被害人有傷害時，可依刑事案件向加害人提起追訴。**刑事訴訟程序**是從犯罪的偵查、起訴、審判到刑罰處分與執行的一連串程序。「刑事通常程序」如圖6-1-1及「刑事訟訴程序」如圖6-1-2。

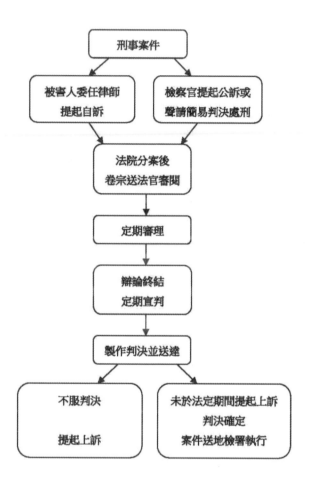

圖 6-1-1 刑事通常程序

資料來源：本著作自行整理。

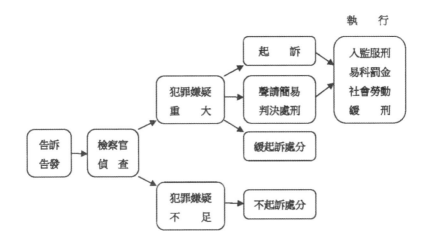

圖 6-1-2 刑事訴訟程序

資料來源：本著作自行整理。

一、偵查階段

（一）告訴程序

　　1. 告訴期間：自交通事故發生日起算6個月內。

　　2. 告訴方式：

　（1）**警察機關**：以口頭方式向原交通事故處理警
　　　　察單位提出**過失傷害**刑事告訴，處理員警製
　　　　作筆錄後移請地檢署偵查。

　（2）**地檢署**：以刑事告訴狀（如表6-1-1）向地檢
　　　　署提告。（刑事狀類，下方須寫遞狀日期，

　　　　　　　　　　　　　　　　第六章　訴訟程序

另撤回告訴狀亦同，郵寄除外）。

（3）**調解會**：先行申請「調解會」調解，即調解
　　不成立時，可請調解會開立「不成立證明
　　書」，並向調解會聲請依鄉鎮市調解條例
　　（2009）第31條：告訴乃論之刑事事件由有
　　告訴權之人聲請調解者，經調解不成立時，
　　鄉、鎮、市公所依其向調解委員會提出之聲
　　請，將調解事件移請該管檢察官偵查，並視
　　為於聲請調解時已經告訴。

表 6-1-1 刑事告訴狀

狀別：刑事告訴狀

告　訴　人：　　　　　　　住：

身分證字號：　　　　　　　電話：

被　　　告：　　　　　　　住：

　　　　　　　　　　　　　電話：

為被告涉嫌過失傷害，依法提出告訴事：

犯罪事實：

　　　緣被告　　　　於民國（下同）　　年　　月　　日

時　　分，駕駛　　　　號車，行經　　　　　　前，適

與告訴人　　駕駛　　　　號機車發生碰撞，致告訴人

受有　　　　　　。

證據及所犯法條

一、上開犯罪事實，有　　　　　政府警察局交通警察大

　　隊　　　交通分隊製作之道路交通事故現場圖、

　　　　　政府警察局道路交通事故初步分析研判

　　表（證一、二）可證。經查本件事故為被告　　違

　　反道路交通安全規則－　　　　　之規定

　　甚明，是被告應負過失傷害責任。

二、告訴人　　　經至「　醫院」就醫，受有

　　傷害（證三），核被告所爲係觸犯刑法第284

　　條過失傷害罪，敬請依刑事訴訟法第251條規定提

　　起公訴，實感德便。

謹　　　狀

證據：

一、道路交通事故現場圖。

二、　　　　　政府警察局道路交通事故初步分析研判

　　表。

三、診斷證明書。

　　　　　　　　　　　　　　　　以上均爲影本。

　　臺灣　　地方法院檢察署　　公鑑

中　華　民　國　　　　年　　　月　　　　日

　　　　　　　　　　　　具　狀　人：

資料來源：本著作自行整理。

（二）偵查程序

　　被告收地檢署刑事傳票，注意案號、股別、案由（通常為偵字，亦有調字或他字），例如108年偵字第1234號。

（三）開「偵查庭」過程

1. 當事人須親自報到開庭（除委託辯護律師外），攜帶「開庭通知書」先至「法警室」報到，由法警告知偵查庭別（第○偵查庭），再至指定偵查庭後，將身分證交由法警，等待叫號開庭。

2. 檢察官先確認人別身分，詢問交通事故事實經過。

3. 無過失情形：應回答自己並無違反任何交通法規，應無過失可言並陳述對方違規的事由。若告訴人或檢察官對過失責任有不同看法時，則可請求檢察官移送「鑑定會」鑑定肇事原因或請求調查有利於被告自己的證據，例如病歷等。

4. 有過失情形：應承認犯罪事實及過失責任，被告本身有誠意賠償，如在合理範圍內，且本身

交通事故處理程序
實用版

經濟能力能夠負擔許可的範圍內願意和解。若
對方要求和解金額過高顯不合理，則請求檢察
官協調或移付**調解委員調解**。

二、起訴階段（偵查終結）

（一）簡易判決處刑：若有過失責任且雙方無和解可
能，檢察官會依「刑事訴訟法（2020）第449條
規定，得不經通常審判程序，逕以簡易判決處
刑。」即法院不會召開刑事庭言詞辯論程序，
由刑事庭法官，不經過當事人開庭過程，直接
逕行判決，將判決書送達被告。收到判決書
後，可依刑事訴訟法（2020）第454條規定，自
簡易判決送達之日起10日內，得提起上訴。

（二）起訴書：被告收到起訴書，約莫1個月後會再收
到**刑事庭開庭通知單**。（刑事庭仍會規勸當事
人和解）。

（三）附帶民事：依刑事訴訟法（2020）第487條：
「因犯罪而受損害之人，於刑事訴訟程序得附
帶提起民事訴訟，對於被告及依民法負賠償責
任之人，請求回復其損害。」因刑事程序附帶

民事賠償請求，可免繳交裁判費，故於起訴後得附帶民事賠償。通常收到**簡易判決處刑書**或**起訴書後**，告訴人須向刑事庭提出**附帶民事賠償起訴狀**。

三、審判階段

（一）刑事審理

1. 法官先行確認被告人別身分，請檢察官陳述起訴要旨，請被告答辯對交通事故事實是否有意見或理由補充，有無請求調查其他證據或傳訊證人；通常會詢問被告是否願意認罪或認罪協商，可以從輕量刑。最後法官會再確認雙方有無和解之可能，若在判決前和解，告訴人再撤回刑事告訴。

2. 依刑事訴訟法（2020）第238條：「告訴乃論之罪，告訴人於第一審辯論終結前，得撤回其告訴。撤回告訴之人，不得再行告訴。」「刑事撤回告訴狀」如表6-1-2。

表 6-1-2 刑事撤回告訴狀

狀別：**刑事撤回告訴狀**

案號及股別：　　　年度偵字第　　　號　　　　股

告　訴　人：　　　　住：

被　　　告：　　　　住：

爲撤回告訴事：

　　告訴人告訴被告　　涉嫌過失傷害案（　　年度偵字第　號），業經雙方和解，告訴人不再訴究。爲此依刑事訴訟法第238條第1項規定，撤回告訴。

謹　　　狀

證據：

　　臺灣　　地方法院檢察署　　公鑑

中　華　民　國　　　年　　月　　　日

　　　　　　　　　具狀人：

資料來源：本著作自行整理。

（二）不服判決：被告若對判決認定事實理由有意見或科刑過重等，可依「刑事訴訟法（2020）第349條規定，自送達判決後起算10日內提起上訴。」可先聲明上訴，再後補上訴理由。上訴二審程序若民事和解後，對被告刑事前科並無助益，只能爭取緩刑免繳罰金。

（三）附帶民事訴訟：刑事庭會將附帶民事移轉民事庭審理。依刑事訴訟法（2020）第488條：「提起附帶民事訴訟，應於刑事訴訟起訴後第二審辯論終結前為之。但在第一審辯論終結後提起上訴前，不得提起。」「刑事附帶民事起訴狀」如表6-1-3。**訴狀內容**有三大部分：

1. 訴訟標的。

2. 原告及被告。

3. 訴之聲明。

表 6-1-3 刑事附帶民事起訴狀

狀別：**刑事附帶民事起訴狀**

案號及股別：　　　年度交易字第　　　　號　　股

訴訟標的金額或價額：新台幣（下同）　　　　元

原　　　告：　　　　住：

身分證字號：　　　　電話：

被　　　告：　　　　住：

身份證字號：　　　　電話：

爲依法提起刑事附帶民事訴訟，請求損害賠償事：

訴之聲明

一、被告應給付原告　　　　元，並自起訴狀繕本送達

　　翌日起至清償日止按年息百分之五計算之利

　　息。

二、原告願供擔保，請求宣告假執行。

三、訴訟費用由被告負擔。

事實及理由

一、緣原告　　　駕駛　　　號機車於民國（下同）

　　　　年　月　日　時　分，行經　　　前，適

　　與被告　　　駕駛之　　號車發生碰撞（證一、

二），致原告　　　受傷經　　　醫院初步診斷
受有　　　　　傷害（證三）。檢察官起訴書所
述事實及證據（證四），部分茲予引用。

二、原告經此車禍，身心受創至深，然被告仍規避
責任，爲此原告爰依民法第193條及第195條之
規定，分別請求被告賠償損害如下：

（一）醫療費：　　　　元（證五）。

　　　　　　醫院自　年　月　日至　年　月
日止，　　　合計　　　　元。

（二）工作損失：原告　　工作，每日薪資
元，月薪　　　元，月休　天，全勤獎
金　　　元，合計每月薪資
元，因系爭車禍受傷需休養　個月，爰請
求工作損失　　　　元（證六）。

（三）慰撫金：原告受此傷害，身心備受煎熬，
常因身體疼痛徹夜輾轉難眠，至今尚行動
不便，不僅尚未能外出工作，出門　仍需他
人扶助，至今仍需持續復健治療，身心健
康難以回復車禍前之原有狀態，實非金錢
可以彌補，身體所受苦痛，莫此爲甚，精

神上之損害更非金錢所能彌補，而被告迄今漠不關心，甚未賠償分文。故爰請求○○○萬元之精神慰撫金。

三、是以，原告訴請被告給付原告　　　元整，自有法律上理由，為此，特狀請　鈞院鑒核，賜判決如原告訴之聲明，以維原告權益，並符法制，毋勝感禱！

證據：

一、道路交通事故現場圖。

二、道路交通事故初步分析研判表。

三、　　　醫院診斷證明書。

四、　　地檢署　　年度偵字第1234號起訴書。

五、　　醫院收據。

六、工作薪資證明。

以上均為影本。

謹　　　狀

臺灣　　　地方法院刑事庭　　公鑒

具狀人：

中　華　民　國　　年　　月　　日

資料來源：本著作自行整理。

四、刑罰處分與執行：（舉例）

（一）緩起訴：當有犯罪嫌疑人，檢察官在偵查階段
　　　中，為了給被告一個自新的機會，所以暫緩起
　　　訴，其相關法條規定，如下表6-1-4。

表 6-1-4　緩起訴之相關法條

刑事訴訟法（2020）條	摘　要　說　明
253-1	被告所犯為死刑、無期徒刑或最輕本刑3年以上有期徒刑以外之罪，檢察官參酌刑法（2020）第57條所列事項及公共利益之維護，認以緩起訴為適當者，得定1年以上3年以下之緩起訴期間為緩起訴處分，其期間自緩起訴處分確定之日起算。追訴權之時效，於緩起訴之期間內，停止進行。
253-2	檢察官為緩起訴處分者，得命被告於一定期間內遵守或履行事項。
253-3	被告於緩起訴期間內，有本條所列情形之一者，檢察官得依職權或依告訴人之聲請撤銷原處分，繼續偵查或起訴。
256	告訴人接受不起訴或緩起訴處分書後，得於7日內以書狀敘述不服之理由，經原檢察官向直接上級檢察署檢察長或檢察總長聲請再議。

資料來源：本著作自行整理。

（二）緩刑：被告經判處罪刑並論知緩刑者，於緩刑
　　　期間，其宣告刑暫不執行。緩刑期間自裁判確
　　　定之日起算，其相關法條規定，如下表6-1-5。

表 6-1-5　緩刑之相關法條

相關法條	摘　要　說　明
刑事訴訟法 （2020） 第449條	第一審法院依被告在偵查中之自白或其他現存之證據，已足認定其犯罪者，得因檢察官之聲請，不經通常審判程序，逕以簡易判決處刑。但有必要時，應於處刑前訊問被告。 前項案件檢察官依通常程序起訴，經被告自白犯罪，法院認爲宜以簡易判決處刑者，得不經通常審判程序，逕以簡易判決處刑。 依前二項規定所科之刑以宣告緩刑、得易科罰金或得易服社會勞動之有期徒刑及拘役或罰金爲限。
刑法 （2020） 第74條	受2年以下有期徒刑、拘役或罰金之宣告，而有本條所列情形之一，認以暫不執行爲適當者，得宣告2年以上5年以下之緩刑，其期間自裁判確定之日起算。 緩刑宣告，得斟酌情形，命犯罪行爲人爲本條所列各款事項。

資料來源：本著作自行整理。

（三）易科罰金：依刑法（2020）第41條：犯最重本
　　　　刑為5年以下有期徒刑以下之刑之罪，而受6月
　　　　以下有期徒刑或拘役之宣告者，得以新臺幣一
　　　　千元、二千元或三千元折算一日，易科罰金。

第二節　民事訴訟

一、民事訴訟簡要流程，如圖6-2-1。

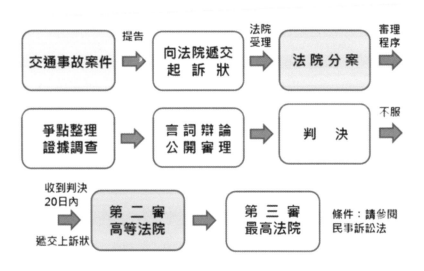

圖 6-2-1 民事訴訟簡要流程圖

資料來源：本著作自行整理。

二、向法院遞交「起訴狀」，如表6-1-3刑事附帶民事
　　起訴狀。

三、法院受理後，經分案進入審理程序。

四、爭點整理與證據調查。提出證據，依民事訴訟法
　　（2018）第277條：「當事人主張有利於己之事實

者，就其事實有舉證之責任。」即當事人應舉證而不舉證或不能舉證者，即有敗訴之虞。

五、言詞辯論與公開審理是基本訴訟原則。言詞辯論有助於司法對話與討論，是審判核心。

（一）依民事訴訟法（2018）第192條：言詞辯論，以當事人聲明應受裁判之事項為始。

（二）依民事訴訟法（2018）第193條：當事人應就訴訟關係為事實上及法律上之陳述。當事人不得引用文件以代言詞陳述。但以舉文件之辭句為必要時，得朗讀其必要之部分。

（三）對於自己所提出之證據，應詳細說明。對於他造陳述之事實，得為承認、否認或抗辯，對於他造提出之證據，得予指摘。唯須於言詞辯論終結前為之，若有遲誤，即可能喪失其主張之權利。

六、判決：依民事訴訟法（2018）第385條：言詞辯論期日，當事人之一造不到場者，得依到場當事人之聲請，由其一造辯論而為判決；不到場之當事人，經再次通知而仍不到場者，並得依職權由一造辯論而為判決。

七、補充：調解（和解）。

（一）依民事訴訟法（2018）第403條：「下列事
件，除有第406條第1項各款所定情形之一者
外，於**起訴前，應經法院調解：七、因道路
交通事故**或醫療糾紛發生爭執者。」起訴前
如雙方當事人有調解意願，可先洽詢法院之
訴訟輔導科或民事科聲請「法院調解委員」
試行調解。在訴訟進行中，亦可向法院表明
有調解意願。

（二）和解之方法：

1. 法庭外和解

   即由雙方當事人協商條件，終止訴訟，和
   解如已成立，即依民事訴訟法（2018）第
   83條：原告撤回其訴者，訴訟費用由原告
   負擔。其於第一審言詞辯論終結前撤回
   者，得於撤回後3個月內聲請退還該審級所
   繳裁判費2/3。

2. 法庭上和解

   依民事訴訟法（2018）第377條：法院不問
   訴訟程度如何，得隨時試行和解。受命法

官或受託法官亦得為之。又依民事訴訟法第（2018）84條：當事人為和解者，其和解費用及訴訟費用各自負擔之。但別有約定者，不在此限。和解成立者，當事人得於成立之日起3個月內聲請退還其於該審級所繳裁判費2/3。

（三）依民事訴訟法（2018）第380條：和解成立者，與確定判決有同一之效力。和解有無效或得撤銷之原因者，當事人得請求繼續審判。

第三節　消滅時效

　　「消滅時效」係指民法上私權之行使。權利人於一定期間內不行使請求權，其請求權即為消滅之法律事實，亦即請求權之不行使繼續達於一定期間，致義務人對該請求權取得拒絕給付抗辯權的事實。現就交通事故較常產生的**請求權**分述以下：

一、侵權行為損害賠償：依民法（2019）第197條：「因侵權行為所生之損害賠償請求權，自請求權人知有損害及賠償義務人時起，2年間不行使而消滅，自有侵權行為時起，逾10年者亦同。」例如小華駕駛汽車追撞小明而發生交通事故，小明須於2年內向小華行使賠償請求權；若小華肇事逃逸，則小明之賠償請求權係從事故發生起（自有侵權行為時起）算10年內行使。

二、保險金額請求權：依保險法（2019）第65條：由保險契約所生之權利，自得為請求之日起，經過2年不行使而消滅。有下列各款情形之一者，其期限之起算，依各該款之規定：

（一）要保人或被保險人對於危險之說明，有隱
匿、遺漏或不實者，自保險人知情之日起
算。

（二）危險發生後，利害關係人能證明其非因疏
忽而不知情者，自其知情之日起算。

（三）要保人或被保險人對於保險人之請求，係
由於第三人之請求而生者，自要保人或被
保險人受請求之日起算。

三、代位求償權：

依保險法（2019）第53條：

被保險人因保險人應負保險責任之損失發生，而
對於第三人有損失賠償請求權者，保險人得於給付賠
償金額後，代位行使被保險人對於第三人之請求權；
但其所請求之數額，以不逾賠償金額為限。

前項第三人為被保險人之家屬或受僱人時，保險
人無代位請求權。但損失係由其故意所致者，不在此
限。

代位求償權之時效同被保險人可向第三人求償時
（一般為事故日）起算2年內不行使而消滅。

依民法（2019）第129條：

消滅時效，因下列事由而中斷：

一、請求。

二、承認。

三、起訴。

下列事項，與起訴有同一效力：

一、依督促程序，聲請發支付命令。

二、聲請調解或提付仲裁。

三、申報和解債權或破產債權。

四、告知訴訟。

五、開始執行行為或聲請強制執行。

又依民法（2019）第137條：時效中斷者，自中斷之事由終止時，重行起算。因起訴而中斷之時效，自受確定判決，或因其他方法訴訟終結時，重行起算。經確定判決或其他與確定判決有同一效力之執行名義所確定之請求權，其原有消滅時效期間不滿5年者，因中斷而重行起算之時效期間為5年。

第四節　保全程序

　　現就交通事故較常使用的保全程序之類別與簡要說明，如表6-4-1及保全程序之相關法條與說明，如表6-4-2。

表 6-4-1　保全程序之類別與簡要說明

類　別	簡　要　說　明
假扣押	是為了保全金錢的請求，扣押對方的財產。
假處分	禁止對方改變現狀。
假執行	先執行對方的財產，即在民事訴訟請求時，可聲請法院在判決前先執行。保全程序中，假執行的強度最高，可以連結假扣押，一氣呵成

資料來源：本著作自行整理。

　　上述「假」字是**暫時**的意思，也就是在民事訴訟結果還沒有確定之前，暫時進行的程序。保全程序一般可分為兩個階段，第一階段為**裁定**（規定於民事訴訟法），第二階段為**裁定之執行**（規定於強制執行法）。

表 6-4-2 保全程序之相關法條與說明

類別	民事訴訟法（2018）條	說　　　明
假扣押	522	假扣押者，債權人就金錢請求或得易為金錢請求之請求，欲保全將來之強制執行，向法院聲請禁止債務人處分其財產之程序。假扣押就附條件或期限之請求，亦得為之，且不問起訴前後均可為之。
	524	假扣押之聲請，須向本案第一審管轄法院或假扣押標的所在地之地方法院投遞聲請狀，若本案已繫屬於第二審法院者，得向第二審法院為之。
	525	假扣押之聲請，其請求並非一定金額者，應記載其價額，其依假扣押之標的所在地定法院管轄者，應記載假扣押之標的及其所在地。
	526	聲請假扣押，應釋明請求（即欲保全強制執行之本案請求）及假扣押之原因（即若不為假扣押，日後有不能強制執行或甚難執行之虞）。
	527	債務人依假扣押裁定供所定金額之擔保後，得免為或撤銷假扣押之執行。
	529 530	假扣押之聲請，經受訴法院以供擔保為條件而為假扣押裁定者，債權人須即具狀照數向法院提存所辦理繳交擔保金之手續。假扣押之聲請，經法院裁定准許後，債權人得隨時聲請撤銷之。債務人如以本案尚未起訴，得聲請法院命債權人於一定期間內起訴，債權人逾期而未起訴或假扣押之原因消滅、債權人受本案敗訴判決確定或其他命假扣押之情事變更者，債務人均得聲請法院撤銷假扣押之裁定
	531	假扣押之裁定，係因自始不當等可歸責於債權人之事由而撤銷者，債務人因假扣押

		或供擔保所受之損害，得請求債權人賠償。
假處分	532 535 538	假處分者，債權人就金錢請求以外之請求，欲保全將來強制執行，向法院聲請禁止債務人變更系爭標的之現狀或就兩造爭執之法律關係定其暫時狀態之程序。假處分所必要之方法，宜由聲請人於聲請狀內陳明之，以供法院酌定假處分方法之參考。
假執行	390 391 392 393	關於財產權之訴訟，在言詞辯論終結前，原告能釋明在判決確定前不為執行，恐受難於抵償或難於計算之損害，或雖不為此項釋明，而陳明在執行前可供擔保者，得聲請法院宣告假執行。被告能釋明因假執行恐受不能回復之損害者，可聲請法院宣告不准假執行或駁回原告假執行之聲請，亦得聲請准其預供擔保或將請求之標的物提存而免為假執行。

資料來源：臺灣新北地方法院（2020）民事業務保全程序；本著作自行整理。

第七章　常見車險問題之類型

第一節　無警處理

一、依華南產險汽車第三人責任保險（自用）條款（2019）第14條（危險發生之通知義務）：被保險汽車發生本保險契約承保範圍內之賠償責任或毀損滅失時，要保人或被保險人應立即以電話、書面或其他方式通知本公司及當地警察或憲兵機關處理，並於5日內填妥出險通知書送交本公司。

二、為什麼要報警處理？
  （一）防止詐騙集團製造假車禍。
  （二）可迅速有效釐清肇事責任，以作為理賠依據。
  （三）保障當事人與保險公司權益。
  （四）降低交通事故賠償糾紛。

三、「無警處理」會有什麼結果？

（一）肇事責任無法釐清，過失無法認定，欠缺理賠依據，導致理賠爭議。

（二）舉證困難，所以無法向對方追償或反遭對方誣告肇事逃逸，影響當事人或保險公司之權益。

（三）查證困難，以致影響理賠時效。

第二節　車體險之肇事逃逸

　　依華南產險汽車車體損失保險乙式（自用）條款（2019）第4條：不保事項「被保險汽車發生承保之危險事故後肇事逃逸者或肇事逃逸過程發生承保之危險事故者，本公司不負賠償之責。」所謂「逃逸」係指交通事故之當事人未留於現場處置或於憲警單位到場處理前即離開現場者；又上開規範目的：

一、為維護公序良俗，交通安全，防止交通事故損失擴大，故依道路交通管理處罰條例（2019）第62條：汽車駕駛人駕駛汽車肇事，無人受傷或死亡而未依規定處置者，處新臺幣一千元以上三千元以下罰鍰；逃逸者，並吊扣其駕駛執照1個月至3個月。又刑法（2020）第185-4條：駕駛動力交通工具肇事，致人死傷而逃逸者，處1年以上7年以下有期徒刑。

二、為避免駕駛人為非被保險人身分、無照或酒後駕車等保單條款約定之追償或不保事項及肇事責任

歸屬問題，因未於第一時間釐清，以致日後認定困難，衍生爭議，並破壞保險契約原先預設之對價平衡，故其目的原在於控制與界定保險事故範圍，避免道德危險。

第三節　汽機車零件折舊

一、汽機車零件折舊計算，則依財政部（2017）固定
　　資產耐用年數（如下表7-3-1）。

表 7-3-1 固定資產（陸運設備）耐用年數及每年折舊率

項次	交通工具名稱	耐用年數	每年折舊率（依定率遞減法）
1	自　用　車	5	0.369
2	營業用車	4	0.438
3	機　　　車	3	0.536

資料來源：財政部（2017）固定資產（陸運設備）耐用年數表；本著作自行整理。

二、交通事故當事人若僅財物受損，例如：小華在
　　2020年追撞前方小明所駕駛之營業用車（出廠年
　　份2019年）受損，修理費＝工資1萬元＋零件1萬
　　元＝2萬元，若小明欲再向小華請求不能營業之損
　　失（租車費用）5天×1,000元＝5,000元時，小華
　　可主張零件1萬元也須折舊，則小華應賠償金額＝
　　工資1萬元＋零件1萬元×（1-0.438＝）折舊後

5,620元＋租車費用5,000元＝20,620元。

三、上述小明所駕駛之營業用車若出廠年份為2016年，則小華應賠償金額＝工資1萬元＋零件折舊後1,000元＋租車費用5,000元＝16,000元。為何上列零件折舊後為1,000元，係零件折舊最低限額為其原請求金額1萬元的1/10。

第四節 警方「初判表」無法判定

一、警方初判表無法判定之可能原因如下：

（一）當事人未發生碰撞。

（二）當事人供述不一，各執一詞。

（三）重大傷亡案件，有一方當事人尚未完成筆錄（交通事故談話記錄表，以下簡稱「談話記錄表」）。

（四）當事人現場移動。

（五）息事案件（A3息事案件）。

二、上述（五）「A3息事案件」係指：交通事故無人受傷，毀損輕微，當事人均願自行處理息事，請求警方免予處理，即當事人免作「談話記錄表」（筆錄）。

三、若民眾遇到「初判表」無法判定，且當事人或保險公司無共識和解時，可向「鑑定會」申請付費鑑定（請參閱：第三章第六節）來釐清肇事任之歸屬。（附記：「鑑定會」不予受理鑑定類型，請參閱表3-6-2）。

交通事故處理程序
實用版

第五節　非道路交通事故之處理

一、「道路」定義係依道路交通管理處罰條例
　　（2019）第3條第1款：指公路、街道、巷衖、廣
　　場、騎樓、走廊或其他供公眾通行之地方。

二、「非道路交通事故」之定義：如公司停車場、賣
　　場或非屬公眾通行之場所，致有人傷亡或財物損
　　壞之交通事故。

三、依陳高村等（2018）非道路交通事故警方處理權
　　責，如表7-5-1。

表 7-5-1 非道路交通事故警方處理權責

事故類別	說明
有人傷亡事故	若駕駛不願配合酒測，警方無法強制執行，但如駕駛人有明顯酒味、行車不穩、蛇行、無法安全駕駛，警方可現場蒐證後向地檢署聲請強制抽血檢測，經檢察官核可後，強制抽血檢驗，若涉及公共危險即送辦。
	雖無法依照道路交通事故處理規範之流程處理，但若涉及當事人要求提出刑事告訴時，全案應依照警政署頒之道路交通事故處理作業程序做為處理，雖無法提供「初判表」，但應處理成案做為後續法院判決之依據。
無人傷亡事故	可請警方到場採證紀錄，雖無法成為道路交通事故案與無初判表，但可協助民眾證明確實有此事故以利於後續保險公司理賠及民事求償部分。

資料來源：陳高村等（2018）。維護民眾權益的交通事故處理制度探討：本著作自行整理。

四、依上表7-5-1民眾若發生非道路交通事故時,應可
　　請警方至現場處理,以釐清肇事責任、駕駛人之
　　身分與精神狀況以及後續當事人依法應負賠償責
　　任。

五、非道路交通事故請警方處理登記後,不會產出
　　「當事人登記聯單」(如表2-1-1)且該案件屬於
　　「鑑定會」不予受理鑑定類型之一(如表3-6-
　　2)。

第六節　丙式車體險「車輛」之定義

一、依華南產險汽車車體損失保險**丙式**（自用）條款
　　（2019）第1條承保範圍：被保險汽車在本保險契
　　約有效期間內，因與**車輛**發生碰撞、擦撞所致之
　　毀損滅失，在確認事故之對方車輛後，本公司對
　　被保險人始負賠償之責。

二、上述條款中所提到「**車輛**」之定義與說明，如表7-
　　6-1。

表 7-6-1 丙式車體險「車輛」之定義與說明

項次	相關法源或作者	定義與說明
1	公路法（2017）第2條	車輛：指汽車、電車、慢車及其他行駛於道路之動力車輛。
2	道路交通事故處理辦法（2015）第2條	道路交通事故：指車輛、動力機械或大眾捷運系統車輛在道路上行駛，致有人受傷或死亡，或致車輛、動力機械、大眾捷運系統車輛、財物損壞之事故。
3	道路交通管理處罰條例（2019）	車輛：指非依軌道電力架設，而以原動機行駛之汽車（包括機車）、慢車及其他行駛於道路之動力車

	第3條	輛。
4	道路交通管理處罰條例（2019）第69條	慢車種類及名稱如下： 一、自行車： （一）腳踏自行車。 （二）電動輔助自行車：指經型式審驗合格，以人力為主、電力為輔，最大行駛速率在每小時25公里以下，且車重在40公斤以下之2輪車輛。 （三）電動自行車：指經型式審驗合格，以電力為主，最大行駛速率在每小時25公里以下，且車重不含電池在40公斤以下或車重含電池在60公斤以下之2輪車輛。 二、其他慢車： （一）人力行駛車輛：指客、貨車、手拉（推）貨車等。包含以人力為主、電力為輔，最大行駛速率在每小時25公里以下，且行駛於指定路段之慢車。 （二）獸力行駛車輛：指牛車、馬車等。
5	道路交通安全規則（2020）第83條	非屬汽車範圍之動力機械，係指下列各款之一之機械： 一、不經曳引而能以原動機行駛之工程重機械。 二、屬裝配起重機械專供起重用途且無載貨容量之起重機車 或其他自力推動機械。 三、其他特定用途設計製造，不經

		曳引而能以原動機行駛之機械。
6	陳高村等（2018）依交通部路政司 62.06.28 路台字第 37938 號函解釋	動力機械包括下列4項： 1.工程建築機械，如壓路機、挖土機、拖曳機等。 2.裝卸起重工程機械，如堆高機、起重機、貨櫃跨載機等。 3.未能符合「台灣省農耕機管理辦法」規定，無法發給「農耕機號牌」、「動力耕耘機械使用證」之農業機具。 4.其他各種因素須為特定用途設計製造，而非屬汽車範圍

資料來源：本著作自行整理。

第七節　保險公司和解之參與

一、依保險法（2019）第93條：保險人得約定被保險
　　人對於第三人就其責任所為之承認、和解或賠
　　償，未經其參與者，不受拘束。但經要保人或被
　　保險人通知保險人參與而無正當理由拒絕或藉故
　　遲延者，不在此限。

二、上條為規範保險人之「參與權」，因賠償金額之
　　給付由保險人負擔，恐有「被保險人」未通知保
　　險人參與且不知合理賠償金額之虞，而傷及保險
　　人之權益，故「責任保險」和解須經**保險人**參
　　與。

三、因基於衡平原則且為避免道德危險之發生，故
　　「被保險人」應通知保險人參與和解，勿自行與
　　第三人和解，進而影響當事人理賠之權益。

四、育奇身為產險從業人員，針對極少數人誤解「保
　　險公司的業務員或理　賠員還有不理賠獎金、不希
　　望賠償或儘量少賠」等言論，提出個人的看法：
　　「車險理賠」是集合專業與品德之事業，一般人
　　很少去的警局、法院、醫院與調解會，卻是理賠

人員工作場域的一部分，而且有時須面對黑白兩
道的壓力與當事人的負面情緒，所以必須具備良
好的抗壓與排解能力，才能順利圓滿處理案件。
重申「理賠」即是合理與理算的賠付，只要理賠
人員擁有專業知識與熱誠引導，而當事人也提出
合理且完整的請求賠償資料，那麼和解過程自然
水到渠成，結果功德圓滿。

第八節　強制險理賠之申請

一、依強制險法（2016）之相關規定整理如表7-8-1。

表 7-8-1　強制險理賠申請之相關規定

法　條	說　　　　　明
第1條	爲使汽車交通事故所致傷害或死亡之受害人，迅速獲得基本保障，並維護道路交通安全，特制定本法。
第7條	因汽車交通事故致受害人傷害或死亡者，不論加害人有無過失，請求權人得依本法規定向保險人請求保險給付或向財團法人汽車交通事故特別補償基金（以下簡稱特別補償基金）請求補償。
第13條	本法所稱汽車交通事故，指使用或管理汽車致乘客或車外第三人傷害或死亡之事故。
第25條	保險人於被保險汽車發生汽車交通事故時，依本法規定對請求權人負保險給付之責。保險人應於被保險人或請求權人交齊相關證明文件之次日起10個工作日內給付之；相關證明文件之內容，由主管機關會商相關機關（構）訂定公告之。

資料來源：強制險法（2016）；本著作自行整理。

二、依上表7-8-1**請求權人**（受害人）不論有無過失或完全過失（全部肇事責任100％）皆可直接向**保險人**請求保險給付或向**特別補償基金**請求補償，不須「被保險人」通知「保險人或特別補償基金」後才可申請理賠。〔除外：強制險之不保（不賠）事項請參照表2-7-1〕

三、因道路交通事故處理辦法（2015）第10條規定，於事故7日後得申請閱覽或提供「現場圖、現場照片」；又強制險法（2016）第25條規定，保險人應於被保險人或請求權人交齊相關證明文件之次日起10個工作日內給付之，故請求權人最快約莫**交通事故日後**1個月可收到理賠金額。

四、「強制險理賠應備文件」請參閱表2-6-1。

第七章　常見車險問題之類型

第九節　工作損失（薪資內容）之認定

一、請先參閱第五章第一節民事責任傷害篇（工作損失）之內容。

二、依勞動基準法（2019）第2條：工資指勞工因工作而獲得之報酬；包括工資、薪金及按計時、計日、計月、計件以現金或實物等方式給付之獎金、津貼及其他任何名義之經常性給與均屬之。

三、「工作薪資損失」之請求係依上述兩點來認定，至於「經常性給與」之內容解析，如表7-9-1。

表 7-9-1 工資「經常性給與」之內容解析

經 常 性 給 與	非 經 常 性 給 與
本薪（薪金）	差旅費
免稅加班費	交際費
房租津貼	誤餐費
交通津貼	年終獎金
伙食津貼（伙食費）	三節獎金
資格津貼（技術或證照津貼）	久任獎金（一次性）
職務加給（主管加給）	業績獎金
全勤獎金	員工紅利（員工酬勞）
績效獎金（每月）	制服或工具費
久任獎金（每月）	

附註：法院審理時會根據個案情況不同，可能會有不同認定。
資料來源：本著作自行整理。

第八章　結論：預防是最好的保險

　　育奇在大學時期念得是保險金融管理系，所以「風險管理」這堂課是必修，當時上課的內容有提到風險管理的對策（方法）有兩種，一是控制，二是理財。風險控制包括風險之避免、預防、抑制、割離與轉移；而風險理財則包括風險自留、自己保險、自負額、專屬保險與保險。隨著自己進入產險業界的歷練才對上述內涵有所體悟──預防是最好的保險。

第一節　從小教育著手

　　所謂「好的開始，就是成功的一半」，而且人的習慣養成，就是從小就建立起交通安全觀念；另外可借鏡國外成功經驗來建構國內交通安全網。例如鄰近日本從小就開始進行各種交通宣導，模擬交通事故現場，讓學生親身體驗車禍的可怕；還有在各縣市政府設置交通公園，讓小孩從小就認識號誌、標線等交通設施，以建立遵守交通安全的習慣。

第二節　善用大數據資料分析

　　其實台灣這方面的技術已非常純熟的運用（例如政府各部會之統計資料），只是如何善用資料才是關鍵，例如：政府可結合民間的力量與資源，將這些統計與研究分析資料活化成有用的教材或指引，進而影響與轉變國人的觀念，形成大眾日常生活的一部分。

第三節　提前標配交通工具主被動安全裝置

台灣具有資通訊產業群聚的優勢，所以可善用科技來輔助人類的盲點，以促進交通安全之可近性。相對台灣規模經濟有限，所以要提前標配交通工具主被動安全裝置有其困難性，有賴政府持續推動與執行獎勵投資與補貼，例如：補貼「舊換新或標配主被動安全裝置」之交通工具。

第四節　優化交通設施與職場環境

台灣最美的風景是人，而且既有善良的國民，所以政府也要提昇與優化交通設施與職場環境，以確保國人喜樂出門，平安回家，例如：友善便利的大眾捷運就要搭配正常值勤的領航員（司機）與到位的交通設施。

參考文獻

王明智（2001）。現代汽車保險理論與實務。台北：華泰。

公路法（2017）。*全國法規資料庫*。取自

https://law.moj.gov.tw/LawClass/LawAll.aspx?pcode=K0040001

內政部統計月報（2020，1月）。108年各月底各縣市人口數。取自

https://www.moi.gov.tw/files/site_stuff/321/1/month/month.html

內政部統計月報（2020，2月）。*機動車輛及道路交通事故*。取自

https://www.moi.gov.tw/files/site_stuff/321/1/month/month.html

內政部統計通報（2019，3月）。107年A1類道路交通事故死亡人數為近8年來新低。取自
https://www.moi.gov.tw/stat/node.aspx?cate_sn=-1&belong_sn=7887&sn=7950

內政部（2019）。*臺閩地區簡易生命表平均餘命*。取自
https://www.gender.ey.gov.tw/gecdb/Stat_Statistics_DetailData.aspx?sn=6sdzpNpgHO3i%2fayHnJSa5g%3d%3d&d=m9ww9odNZAz2Rc5Ooj%2fwIQ%3d%3d

內政部警政署警政統計通報（2019，3月）。107 年 A1 類
道路交通事故肇事原因與肇事人特性分析。取自
https://www.npa.gov.tw/NPAGip/wSite/ct?xItem=91233&ctNo
de=12594&mp=1

民法（2019）。*全國法規資料庫*。取自
https://law.moj.gov.tw/LawClass/LawSearchContent.aspx?pcode=
B0000001&norge=736

民事訴訟法（2018）。*全國法規資料庫*。取自

https://law.moj.gov.tw/LawClass/LawAll.aspx?pcode=B0010001

刑法（2020）。*全國法規資料庫*。取自

https://law.moj.gov.tw/LawClass/LawAll.aspx?pcode=C0000001

刑事訴訟法（2020）。*全國法規資料庫*。取自

https://law.moj.gov.tw/LawClass/LawAll.aspx?pcode=C0010001

交通部統計處（2017，6月）。105年民眾日常使用運具狀
況調查摘要分析。取自
https://www.motc.gov.tw/ch/home.jsp?id=1679&parentpath=0,6&
mcustomize=statistics105.jsp

車輛行車事故鑑定及覆議作業辦法（2019）。*全國法規資
料庫*。取自

https://law.moj.gov.tw/LawClass/LawAll.aspx?pcode=K0040045

汽車第三人責任保險（自用）條款（2019）。*華南產險官網*。取自 https://www.south-china.com.tw/FileView.asp?sn=74

汽車車體損失保險乙式（自用）條款（2019）。*華南產險官網*。取自

https://www.south-china.com.tw/FileView.asp?sn=65

汽車車體損失保險丙式（自用）條款（2019）。*華南產險官網*。取自

https://www.south-china.com.tw/FileView.asp?sn=66

吳宗修、周孟書（1994）。路權在那裏?*中華民國第一屆運輸安全研討會*。

保險法（2019）。*全國法規資料庫*。取自

https://law.moj.gov.tw/LawClass/LawAll.aspx?pcode=G0390002

財政部（2017）。主管法規查詢系統。固定資產耐用年數表。取自
https://law-out.mof.gov.tw/LawContentSource.aspx?id=GL010207

財團法人保險事業發展中心（2020）。*財產保險業保費收入統計表*。取自

https://www.tii.org.tw/tii/information/information1/000001.html

財團法人保險事業發展中心（2020）。*強制汽機車責任保險統計表*。取自

http://www.cali.org.tw/data1.aspx

特別補償基金（2018）。強制險補償金申請須知。取自
http://www.mvacf.org.tw/UpFile/ApplyFormfile/%e5%bc%b7%e5
%88%b6%e9%9a%aa%e4%bf%9d%e9%9a%aa%e9%87%91%e8
%a3%9c%e5%84%9f%e9%87%91%e7%94%b3%e8%ab%8b%e9
%a0%88%e7%9f%a50313.pdf

陳高村、謝維剛（2018）。維護民眾權益的交通事故處理制度探討。*107年道路交通事故安全與執法研討會*。

強制汽車責任保險給付標準（2017）。*全國法規資料庫*。取自

https://law.moj.gov.tw/LawClass/LawAll.aspx?pcode=G0390067

強制汽車責任保險法（2016）。*全國法規資料庫*。取自

https://law.moj.gov.tw/LawClass/LawAll.aspx?pcode=G0390060

強制汽車責任保險（自用）條款（2016）。*華南產險官網*。取自 https://www.south-china.com.tw/FileView.asp?sn=34

產險公會（2014）。汽（機）車肇事責任分攤處理原則。取自

http://www.nlia.org.tw/modules/tadnews/page.php?nsn=673#A

產險公會（2019）。交通事故處理五步驟——「放、撥、劃、移、等」。取自

http://www.nlia.org.tw/modules/tadnews/page.php?nsn=776#A

勞工保險失能給付標準（2015）。*全國法規資料庫*。取自

https://law.moj.gov.tw/LawClass/LawAll.aspx?pcode=N0050023

勞工保險條例（2015）。*全國法規資料庫*。取自

https://law.moj.gov.tw/LawClass/LawAll.aspx?pcode=N0030001

勞動基準法（2019）。*全國法規資料庫*。取自

https://law.moj.gov.tw/LawClass/LawAll.aspx?pcode=N0030001

曾隆興（2002）。詳解損害賠償法。台北：三民。

鄉鎮市調解條例（2009）。*全國法規資料庫*。取自

https://law.moj.gov.tw/LawClass/LawAll.aspx?pcode=I0020003

道路交通事故處理辦法（2015）。*全國法規資料庫*。取自

https://law.moj.gov.tw/LawClass/LawAll.aspx?pcode=D0080090

道路交通管理處罰條例（2019）。全國法規資料庫。取自

https://law.moj.gov.tw/LawClass/LawAll.aspx?pcode=K0040012

道路交通安全規則（2020）。全國法規資料庫。取自

https://law.moj.gov.tw/LawClass/LawAll.aspx?pcode=K0040013

https://law.moj.gov.tw/LawClass/LawAll.aspx?pcode=C0010001

臺中市車輛行車事故鑑定委員會（2020）。取自
https://www.traffic.taichung.gov.tw/sub/form/index.asp?Parser=3,
17,154

臺中市警察局交通隊（2020）。交通事故權益寶典。取自
https://www.police.taichung.gov.tw/traffic/home.jsp?id=55&pare
ntpath=0,5,53&mcustomize=multimessages_view.jsp&dataserno=
6576&t=Download&mserno=201801260055

臺南市北區區公所（2020）。受理調解流程圖。取自
https://www.tnnorth.gov.tw/News_Content.aspx?n=7920&s=78477

臺灣新北地方法院（2020）。民事業務保全程序。取自
https://pcd.judicial.gov.tw/index.asp?struID=777&cid=1074

參考文獻

國家圖書館出版品預行編目資料

交通事故處理程序實用版／柯育奇 著. --初
版. --臺中市：白象文化，2020. 9

ISBN 978-986-5526-75-7（平裝）
1. 交通事故 2. 交通法規
557. 16   109011303

交通事故處理程序實用版

作　　者　柯育奇
校　　對　柯育奇
發 行 人　張輝潭
出版發行　白象文化事業有限公司
　　　　　412台中市大里區科技路1號8樓之2（台中軟體園區）
　　　　　出版專線：（04）2496-5995　　傳真：（04）2496-9901
　　　　　401台中市東區和平街228巷44號（經銷部）
　　　　　購書專線：（04）2220-8589　　傳真：（04）2220-8505
專案主編　陳逸儒
出版編印　林榮威、陳逸儒、黃麗穎、水邊、陳婉婷、李婕
設計創意　張禮南、何佳諠
經銷推廣　李莉吟、莊博亞、劉育姍、李佩諭
經紀企劃　張輝潭、徐錦淳、廖書湘、黃姿虹
營運管理　林金郎、曾千熏
印　　刷　基盛印刷工場
初版一刷　2020 年 9 月
初版二刷　2022 年 1 月
定　　價　220 元

出版 · 經銷 · 宣傳 · 設計

預防是最好的保險

在車禍之前投保汽機車保險及具有優良的駕駛習慣，
意外發生時，則交由專業的產險理賠來服務，
將風險轉嫁給保險公司來承擔，
並讓車禍當事人取得合理的賠償。

作者為資深產險從業人員，對於車禍理賠、調解等事項有豐富的經驗，
本書針對交通事故處理及保險理賠實務常見的爭議，
以及車禍事故當事人在第一時間該有的處理作為，
提供專業的分析與處置建議，以保障交通事故當事人的權益。

一位來自產險業界中年大叔的真心對話

人生無常　現在是最好的時機

世事難料　預防是最好的保險

在處理交通事故這一路上你並不孤單

祈願本書能成為你最佳夥伴

——柯育奇

白象文化
www.ElephantWhite.com.tw

出版 購書 經銷代理　04-24965995
信箱：press.store@msa.hinet.net

不需出版社審核，人人都能出自己的書
白象文化生活館　www.pcstore.com.tw/elephantwhite/